LE COMTE

D'ESCAYRAC DE LAUTURE

SA VIE ET SES OUVRAGES

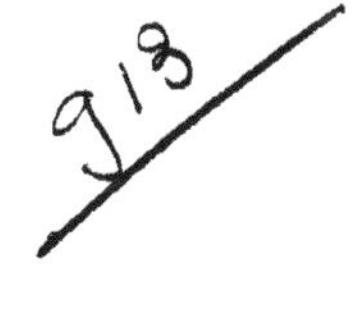

Armoiries de la Maison
d'Escayrac

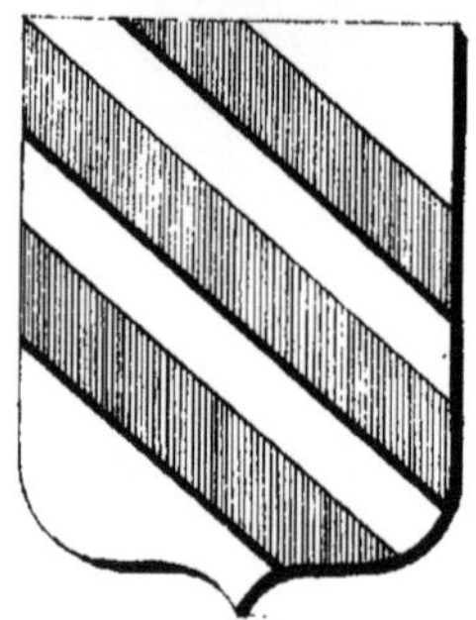

d'après le blason
de la salle des croisades
au palais de Versailles
d'argent à trois bandes de gueules

LITH. J. GUILLAU
MONTAUBAN

LE COMTE

D'ESCAYRAC DE LAUTURE

Voyageur et explorateur français
Commandeur de la Légion d'honneur.

SA VIE ET SES OUVRAGES

PAR

Paul DURAND-LAPIE

Avocat, Agrégé de l'Université.

PARIS

HONORÉ CHAMPION

Librairie spéciale pour l'Histoire de France

9, QUAI VOLTAIRE, 9

1899

Une partie de ce travail présenté au Congrès des Sociétés Savantes tenu en 1899, à Toulouse. Hôtel d'Assézat, a été lue en séance publique, le vendredi 7 avril, à la section de Géographie historique et descriptive. Le mémoire est inséré « in-extenso » dans le Bulletin de géographie de 1899, publié par le **Ministère de l'Instruction Publique et des Beaux-Arts.**

Le programme du Congrès des Sociétés Savantes qui devait se tenir en 1899 à Toulouse, notre capitale intellectuelle du Midi, donnait comme sujet d'études :

« La biographie des voyageurs et géographes français. »

J'étais toujours resté sur l'impression profonde, éprouvée dans ma jeunesse, lorsque, en 1862, en vacances à Montauban, j'écoutais avec avidité les récits que me faisait un vieux parent, des rudes épreuves subies en Chine par un des derniers représentants d'une des plus anciennes familles de notre Quercy, le comte d'Escayrac de Lauture. L'existence si noblement remplie de ce martyr de la science était certes digne d'être rappelée et ses ouvrages méritaient mieux qu'une sèche analyse, je présentai donc au Congrès un mémoire dont le travail actuel n'est que le développement.

Quand ma jeune imagination était si vivement frappée par le récit des voyages de M. le comte d'Escayrac de Lauture, mon pauvre frère se trouvait assis à mes côtés, et peut-être l'exemple de cette vie aventureuse contribua-t-il à déterminer son irrésistible vocation pour la marine. Entré à l'École navale et sorti de cette école des premiers de sa promotion, il a, lui aussi, victime de son amour pour la science, succombé avant trente ans, après un trop long séjour au Gabon, où il avait réuni les productions de cette partie du continent noir pour l'Exposition universelle de 1878. Maintenant il dort son éternel sommeil dans le cimetière français de Dakar, mais que de fois ma pensée ne s'est-elle pas reportée vers cette tombe prématurément ouverte. J'ai pieusement conservé ses lettres ; peut-être un jour, quand l'heure de la retraite aura sonné pour moi, me sera-t-il possible de les réunir en un modeste volume, dans lequel les jeunes qui viennent remplacer notre génération bientôt disparue, verront que le cœur de leurs pères savait généreusement battre pour Dieu, la famille et la patrie.

Je suis heureux d'exprimer ici les sentiments de respectueuse gratitude qui me sont inspirés par la courtoise urbanité avec laquelle M. le colonel marquis d'Escayrac de Lauture a bien voulu mettre à ma disposition des documents importants. Ils m'ont été de la plus grande utilité pour mener à bonne fin la tâche que j'avais entreprise.

Saint-Nauphary, près Montauban, septembre 1899.

LE COMTE D'ESCAYRAC DE LAUTURE

SA VIE ET SES OUVRAGES

1826-1868.

CHAPITRE Ier

Naissance, éducation et premiers voyages de M. d'Escayrac.

Au moment où l'attention de l'Europe est tournée vers l'Egypte et l'Extrême-Orient, par suite de la gravité des événements qui s'y précipitent, il nous a paru intéressant de rappeler le souvenir de la vie et des ouvrages d'un des explorateurs français les plus remarquables de notre siècle, le comte d'Escayrac de Lauture, qui a consacré sa trop courte existence à l'étude de l'Afrique septentrionale, de l'Egypte et du vaste empire Chinois.

Pierre, Henri, Stanislas d'Escayrac de Lau-

2

ture naquit à Paris, le 19 mars 1826, il appartenait à une des plus anciennes et des plus honorables familles du Quercy, dont trois représentants Guy, Guichard et Bernard avaient suivi Louis IX à la septième croisade et s'étaient trouvés en Egypte aux côtés du pieux monarque dans toutes les batailles contre les Infidèles. Aussi les armes des d'Escayrac sont placées à la salle des croisades du palais de Versailles, écusson n° 276, d'argent à trois bandes de gueules. Beaucoup de membres de cette famille se distinguèrent dans les siècles suivants par leur humeur aussi guerrière qu'aventureuse, et plusieurs, officiers de grand mérite, trouvèrent la mort sur le champ de bataille. Les d'Escayrac se firent également remarquer par leurs idées généreuses et libérales, et à diverses reprises dans ses ouvrages, M. d'Escayrac rappelle que son grand-père paternel protesta avec la plus grande énergie contre la loi du 22 mai 1781, réservant à la noblesse seule le monopole du grade d'officier dans l'armée, règlement du maréchal de Ségur qu'il appelait : « la plus grande injure infligée jamais par la royauté à des hommes libres », et qui, disait-il encore : « aurait privé la

France des services de Fabert et de Duguay-Trouin. » (1)

M. d'Escayrac entra tout jeune au collège alors très important de Juilly que dirigeaient les Oratoriens, collège établi dans une ancienne abbaye de l'Ordre de Saint-Victor du XIIIème siècle, où se trouvent le tombeau et la statue en marbre du cardinal Pierre de Bérulle, fondateur des Pères de l'Oratoire. Animé d'une excessive ardeur pour l'étude, servi par une

(1) Mémoires sur la Chine. Paris, librairie du Magasin Pittoresque, quai des Grands-Augustins, 29. 1865, in-4°. et, La guerre, l'organisation de l'armée et l'équité. Paris, Armand Le Chevalier, libraire-éditeur, rue Richelieu, 61. Octobre 1867, in-8°. M. le marquis Etienne, Henri d'Escayrac de Lauture était né en 1747 au château de Saint-Romain, près de Molières en Quercy. Colonel des Grenadiers Royaux de Guyenne, Chevalier de l'ordre royal et militaire de Saint-Louis, il fut tué le 9 janvier 1791, au château de Buzet, chez son parent le comte de Clarac. L'ordre royal et militaire de Saint-Louis avait été institué par Louis XIV au mois d'avril 1693, et confirmé par Louis XV en 1719 ; pour y être admis il fallait avoir servi sur terre ou sur mer pendant vingt-huit ans. — La biographie universelle des frères Michaud, 1855, Edition revue et augmentée, consacre au marquis Etienne, Henri d'Escayrac de Lauture un important article, T. XIII. pages 472. 473 et 474, et M. l'abbé B. Taillefer, curé de Cazillac, vient de faire paraître une très intéressante étude historique sur M. d'Escayrac, avec des documents puisés aux meilleures sources, mais plus particulièrement dans les archives de la famille d'Escayrac elle-même. Montauban, Imprimerie Prunet frères, rue des Carmes. 40, 1897, in-8°.

merveilleuse mémoire et doué d'une puissance extraordinaire d'assimilation pour les langues, à sa sortie du collège, il possédait à fond le latin et parlait l'anglais avec autant de facilité que sa langue maternelle. Il fut alors confié à M. de Tavarès, qui avait conduit en France de jeunes Brésiliens pour perfectionner leur éducation. Dans cette société, M. d'Escayrac apprit en se jouant, pour ainsi dire, le portugais ainsi que l'espagnol, et il ne tarda pas à manifester un penchant irrésistible pour les voyages et l'étude de la géographie, science dont il parle dans un de ses ouvrages, (1) avec ce réel enthousiasme : « Ouvrir la terre si vaste aux nations que l'Europe emprisonne étroitctement, tel est le but que la géographie se propose, tel fut le glorieux mobile de tant de voyageurs héroïques morts en éclairant une route que suivront les armées de l'avenir. La géographie peut dire comme Alexandre s'élançant à la conquête de l'Asie : J'ouvrirai la terre aux nations, aperiam terram

(1) Le Désert et le Soudan. Etudes sur l'Afrique au Nord de l'équateur, son climat, ses habitants, les mœurs et la religion de ces derniers, 1 vol. in-8° avec cartes et gravures sur bois, 1853, chez J. Dumaine, rue et passage Dauphine, 30, et Klincksieck, rue de Lille, 11.

gentibus. » Ces paroles du héros macé-
donien sont devenues la devise favorite de
tous les ouvrages de M. d'Escayrac : « Aperire
terram gentibus. »

Dès qu'il eut terminé ses études, sa famille
tenant compte de ses aptitudes extraordinaires
à parler les langues étrangères et de son vif
désir de voyager, le destina à la carrière
diplomatique et il entra au commencement de
l'année 1844, au ministère des Affaires
étrangères en qualité d'attaché. Peu de mois
après, il fut choisi comme secrétaire, bien
qu'ayant dix-huit ans à peine, par le capitaine
de vaisseau Romain-Desfossés. (1) Cet officier
supérieur venait d'être appelé au commande-

(1) Joseph Romain-Desfossés naquit en 1798, et à peine âgé
de neuf ans, il entra dans la marine en 1807. Il s'éleva
rapidement par son courage, son intelligence et ses aptitudes
maritimes aux grades supérieurs, et comme capitaine de
vaisseau, il fut appelé en 1844, au commandement en chef de
la station navale de Bourbon et de Madagascar. Au mois de
juin 1845, il dirigea une expédition contre Tamatave, d'où les
Malgaches avaient chassé tous les étrangers. Promu contre-
amiral en 1847, et envoyé par le département du Finistère à
l'Assemblée Législative de 1849, il fut nommé ministre de la
marine et des colonies. Vice-amiral en 1853, sénateur en 1855
et amiral en 1860, M. Romain-Desfossés ne jouit malheureusement pas longtemps du fruit de ses travaux, il mourut
en 1864, ayant 57 ans de services actifs dans la marine.

ment en chef des mers de l'Inde, au moment où allait être entreprise de concert avec l'Angleterre une expédition contre les indigènes de Madagascar, d'où les habitants des îles Mascareignes tiraient une partie de leurs vivres. M. d'Escayrac quitta la France sur la corvette de l'état, « Le Berceau », et malgré sa jeunesse, il commença l'application du système qui devait lui permettre d'enrichir le domaine des sciences géographiques et linguistiques de nombreux et remarquables travaux. Il mettait en note, jour par jour, ce qui le frappait particulièrement, et c'est ainsi que mouillant à Sainte-Hélène en mars 1845, il consigne les observations suivantes que lui inspirent la barbarie et le développement de la traite des noirs. « Les négriers sont toujours d'une marche supérieure, ils se couvrent de toile, les navires de guerre eux-mêmes ont peine à les atteindre. C'est en vain qu'on emploie à la répression de la traite des b teaux à vapeur, de son côté la traite adopte la vapeur ou se sert de bâtiments mixtes ; j'ai vu moi-même en 1845 à Sainte-Hélène, un fort joli brick à hélice que les croiseurs anglais avaient capturé par hasard et qui malgré ses proportions exigues avait reçu cinq cents esclaves. » (1)

Sur la corvette « le Berceau » se trouvaient embarqués en même temps que M. d'Escayrac, deux officiers auxquels paraissait réservé le plus brillant avenir, l'aspirant Bellot et l'enseigne Maizan. Ces trois jeunes gens qui se lièrent d'une vive amitié, devaient périr tous les trois martyrs de la science, Bellot dans les glaces du pôle à la recherche de sir John Franklin, Maizan sous les feux du tropique en voulant pénétrer à l'intérieur du continent noir et d'Escayrac victime de la barbarie des Chinois. Une fin tragique attendait la corvette elle-même, elle se perdit plus tard corps et biens dans les parages de Madagascar sans qu'on ait jamais connu la cause exacte et la date précise de la catastrophe. (2)

(1) Le Désert et le Soudan.

(2) La corvette « le Berceau » avait quitté la France en 1844, et au mois de décembre 1846, elle était à La Réunion, ancienne île Bourbon. Partie de cette île pour se rendre à Sainte-Marie et à Madagascar, en même temps que la frégate « la Belle-Poule », les deux navires furent assaillis par un cyclone dans la nuit du 15 au 16 décembre 1846, et la corvette disparut au milieu de l'ouragan. Séparée d'elle par la violence de la tempête, la frégate plus heureuse échappa au naufrage, mais elle fut totalement désemparée. Pas plus en pleine mer que

Arrivé aux îles Mascareignes, M. d'Escayrac stationna à peine à La Réunion, ancienne île Bourbon, et il prit part au mois de juin 1845 à l'expédition contre Tamatave. Puis il visita successivement les îles Sainte-Marie, Nossi-Bé, Nossi-Mitsiou sur les côtes de Madagascar, l'archipel des Comores, Mayotte et Anjouan, et il se rendit à Zanzibar, capitale de l'île de ce nom sur la côte de Zanguebar, où résidait l'iman de Mascate avec lequel la France venait d'après les conventions du 7 novembre 1844, de signer un traité de commerce. Ensuite par le Mozambique et la côte orientale du sud de l'Afrique, il revint en Europe.

sur les côtes de Madagascar, il n'a jamais été trouvé aucun débris du « Berceau » ; il ne saurait donc subsister le moindre doute sur la façon dont cette malheureuse corvette a péri : elle a sombré à la mer. Le même sort était réservé quelques années plus tard au « Monge » dans les mers de Chine, et au « Renaud » dans le golfe d'Aden.

Jules Maizan, né en 1819 était entré à l'école navale en 1835, il est mort à l'âge de vingt-six ans dans les circonstances suivantes : Après avoir obtenu l'autorisation d'entreprendre un voyage d'exploration dans la direction des grands lacs de l'Afrique centrale, Maizan débarquait en 1845 à Bagamoyo, en face de Zanzibar, de là, il se rendit presque seul à Dégé-la-Mhora, (Ouzaramo). C'était le premier européen qui eût pénétré aussi avant sur cette côte meurtrière. Le chef Mazimgéna l'accueillit d'abord fort bien, mais quelques jours après, il le fit brusquement arrêter, et lui

De retour en France en 1846, M. d'Escayrac ne fit qu'un court séjour à Paris, et il fut envoyé porteur de dépêches importantes à la cour de Madrid, au moment où le mariage projeté de la reine Isabelle avec son cousin l'infant Don François, duc de Cadix, occupait toute l'Europe et surtout la France et l'Angleterre. Le ministère français désirait faire aboutir à la suite du mariage royal, l'union de Dona Luisa, sœur d'Isabelle, avec le duc de Montpensier, cinquième fils du roi Louis-Philippe, union que le ministre anglais lord John Russell voyait avec le plus grand déplaisir.

reprochant des dons faits à d'autres chefs, il lui déclara qu'il allait le mettre à mort à l'instant même. L'intrépide voyageur fut attaché à un baobad, Mazamgéua lui coupa lui-même les articulations pendant que retentissait le chant de guerre et que le tambour battait une marche triomphale. Puis ouvrant la gorge de sa victime et trouvant que son couteau était émoussé, le sauvage s'arrêta pour en aiguiser le tranchant, se remit à l'œuvre et arracha la tête avant que la décollation fût complète. Ainsi périt, martyr de la science, ce jeune officier plein de cœur, de savoir et d'avenir, dont le seul défaut était la témérité, ainsi qu'on appelle trop souvent l'esprit d'initiative, quand la fortune ne sourit pas au courage. Les détails sur la fin tragique de Maizan ont été recueillis par le capitaine anglais Burton, dans son voyage d'exploration aux grands lacs de l'Afrique occidentale en 1857-1859.

Joseph, René Bellot naquit à Paris en 1826, d'une famille

Après s'être heureusement acquitté de sa mission à la cour de Madrid, M. d'Escayrac fut attaché à la légation de M. le baron des Varennes, représentant de la France en Portugal. Tout en remplissant à Lisbonne ses fonctions avec un zèle auquel ses chefs se plaisaient à rendre hommage, le jeune diplomate s'occupait avec ardeur d'histoire naturelle, et il adressait en France, au Muséum, une belle collection de la Flore des Algarves. Profitant du voisinage de la côte d'Afrique, M. d'Escayrac, toujours avide de s'instruire, obtint d'être envoyé à plusieurs reprises dans le Maroc pour le règlement de divers litiges. Il ne se contenta pas de visiter les grands ports de la Mauritanie, Tanger, Rabat,

originaire de Rochefort, et entraîné par son goût pour la marine, il entra à l'Ecole navale à peine âgé de quinze ans. Il en sortit le cinquième sur quatre-vingts en 1843, et admis au bout de six mois de services à la faveur de prendre part comme aspirant de marine à une campagne lointaine, il partit en 1844, pour Madagascar sur la corvette « le Berceau. » De retour en France, il obtint comme enseigne de vaisseau, l'autorisation de se joindre à une expédition que lady Franklin envoyait à la recherche de son mari dans les mers polaires. Cette expédition dura du 13 mai 1851 au 16 octobre 1852. Promu lieutenant de vaisseau pendant son absence, il prit part en 1853, à une nouvelle expédition anglaise au cap Ingelfield. Malheureusement, dans la matinée du 20 août

Mogador, il pénétra autant que cela lui fut possible dans le cœur de ce vaste empire, alors presque inconnu des Européens.

Ce fut à la suite de ces incursions qu'il forma le projet d'étudier particulièrement l'Afrique septentrionale, et pour en faciliter l'exécution il résolut d'apprendre la langue arabe. A cet effet, il se rendit à plusieurs reprises en Algérie. M. d'Escayrac se livrait avec ardeur à ces travaux de linguistique, lorsque la Révolution de Février 1848, vint lui fournir le prétexte de renoncer à la carrière diplomatique. Sa position de fortune lui permettait de vivre libre et indépendant, ce qui convenait à son caractère fier, aventureux et désintéressé. Malgré le brillant avenir sur

1853, pendant que ce vaillant officier était engagé sur des glaces flottantes avec deux intrépides matelots, un coup de vent le jeta dans une crevasse où il disparut pour jamais, à peine âgé de vingt-sept ans. Les Anglais lui ont consacré un trophée en bronze dans le musée de Londres et ont élevé à sa mémoire un obélisque de granit sur le quai de Greenwich, à l'endroit même où avant de s'embarquer sur le Phénix, il avait reçu les derniers adieux de ses amis. La ville de Rochefort a également érigé une statue en son honneur, et le nom de Bellot a été donné à un cap du Nord-Est de la terre du Prince-de-Galles sur le détroit de Barrow, ainsi qu'à un détroit situé entre l'île de Sommerset-septentrionale et la presqu'île de Boothia-Felix.

lequel, son nom, ses relations de famille et sa valeur personnelle lui donnaient le droit de compter, il résigna ses fonctions à Lisbonne et revint en France, se promettant désormais de consacrer toute son activité à son étude favorite des langues vivantes et en même temps de satisfaire ses goûts d'exploration en Afrique et en Orient.

CHAPITRE II

Voyages de M. d'Escayrac en Europe, en Afrique et en Asie.

Voulant tout d'abord connaître la vieille Europe, M. d'Escayrac visita à loisir les îles Britanniques, l'Angleterre, l'Ecosse, l'Irlande, se mettant en relation avec les personnages les plus remarquables, et il retira de grands fruits de ces voyages grâce à sa connaissance parfaite de la langue anglaise. Par l'Allemagne, il se rendit en Suisse, et après un court séjour dans ce pays, il passa en Italie, où il comptait se livrer à l'étude des langues orientales le persan, le turc et surtout l'arabe qu'il voulait posséder à fond avant de se rendre en Afrique et en Egypte où l'attiraient ses goûts aventureux et peut-être le souvenir de ses vaillants ancêtres des croisades. Ce résultat obtenu, M. d'Escayrac en janvier 1849, s'embarqua pour la Tunisie, resta quelque temps à Tunis et initié aux mœurs des Arabes et à leur vie nomade, vêtu comme eux, parlant leur langue, partageant leur tente, il se rendit malgré la difficulté de l'entreprise pour un Européen, à la ville sainte de Kairoan (1) en Tunisie. Il traversa sans hésitation et sans éprouver un seul instant de regret les vastes solitudes du désert, il en parle, au contraire, en véritable poëte : « L'aspect du désert, l'immensité de ses horizons, son uniformité, son silence impressionnent vivement celui qui le contemple pour la première fois. L'océan, les glaces du pôle produisent seuls sur notre âme une impression semblable ; le sentiment de la solitude dans laquelle nous nous trouvons, la conscience de notre faiblesse, l'admiration que

(1) Kairoan ou Kairwan fut fondée en l'an 652 par Occuba, général de l'armée d'Othman ou Osman, troisième calife de Syrie, ainsi c'est la première ville que les Arabes bâtirent en Afrique. La mosquée qu'Occuba y fit construire est superbe, et c'est là que se trouvent les sépultures des anciens rois de Tunis. Kairoan avait une Académie de marabouts célèbres où les Musulmans accouraient autrefois de tous les côtés de l'Afrique. Le pays aux alentours de la ville est plein de sables où il ne croît ni blé, ni fruits, et on n'y boit que de l'eau de citerne parce qu'il n'y a ni source, ni puits, ni rivière. Les ruines actuelles de Kairouan attestent son ancienne splendeur.

nous inspire une scène aussi grandiose que simple, tout tend à donner plus de gravité à notre esprit, plus de concentration et de profondeur à nos pensées ; l'homme religieux le devient davantage, l'imagination du poète s'exalte, l'homme studieux et réfléchi ne peut réprimer un sentiment d'orgueil, en se rappelant qu'au milieu de ces solitudes éternelles, lui seul représente le roi de la création, le dompteur et le maître de la nature ; il croit visiter son empire, en étendre encore les limites, et ressent cette noble fierté qu'inspire la présence d'un péril bravé, d'un obstacle vaincu. (1)

De Kairoan, M. d'Escayrac pénétra dans la région du Belad-el-Djerid, où se trouvent les chotts du Sahara, et il visita les oasis de Gafsa et de Tozer, dont il explique ainsi la formation : « L'eau fournie par les pluies de l'hiver, en s'écoulant sur les pentes méridionales de l'Atlas du Gharian et des montagnes de Derna, se perd dans les sables où l'industrie de l'homme sait souvent la retrouver. Quelquefois elle reparaît au loin pour former une source, un ruisseau, un lac, un étang,

(1) Le Désert et le Soudan.

que les chaleurs de l'été font disparaître et dont l'existence ne se révèle plus dès lors que par les efflorescences salines dues à l'action de l'eau sur des terres imprégnées de sel gemme. Tels sont les chotts du Sahara, tel est celui de Nefta et de Tozer, visités par moi en 1849. Autour de ces sources, de ces ruisseaux, de ces lacs, vient se grouper une population active, intelligente. Le dattier qui craint la pluie, mais dont le pied a besoin d'être arrosé sans cesse, fournit à ces populations une précieuse ressource. C'est ainsi que dans le désert, chaque ruisseau, chaque étang donne naissance à un de ces îlots de verdure que nous appelons oasis. Entourée de tous côtés par l'océan de sable, l'oasis n'a guère de voisins et son indépendance est rarement menacée. La commune s'organise dès lors en république et le pouvoir de ses chefs se mesure au nombre de leurs dattiers. » (1)

Du Belad-el-Djerid, M. d'Escayrac se rendit en Tripolitaine, il passa à Tripoli de Barbarie le mois de mai 1849, puis il se lança dans le désert qu'il parcourut avec les caravanes des Touaregs, montés sur des dromadaires dont il

(1) Le Désert et le Soudan.

fait ainsi l'éloge : « Ce qui fait le principal mérite du dromadaire de selle, c'est moins sa vitesse que la résistance énorme qu'il offre à la fatigue ; il en est qui parcourent dans les vingt-quatre heures un espace de cinq journées de marche, et qui, pendant sept ou huit jours de suite, peuvent effectuer vingt-cinq à trente lieues. On prétend qu'il existe chez les Touaregs des méhara capables d'en faire bien davantage ; les Touaregs le disent et me l'ont assuré à moi-même, je serais néanmoins curieux d'en faire l'épreuve. » (1)

En 1850, par le désert de Lybie, M. d'Escayrac passa en Egypte, recueillant sur sa route de précieuses indications sur la géogra-- phie et les relations commerciales de l'Afrique centrale. Il séjourna quelque temps au Caire, étudiant l'antique civilisation de ce berceau de l'humanité, faisant l'utile connaissance de MM. Linant, d'Arnaud, Thibaut, Laffargue ainsi que de plusieurs autres Français de mérite établis depuis plusieurs années en Egypte, et n'hésitant pas à se mettre en rapport avec tous les voyageurs qui avaient pénétré dans les régions à peu près inexplorées

(1) Le Désert et le Soudan.

du Kordofan et du Darfour. « Je vis au Caire en 1850, écrit-il plus tard, un singulier personnage qui se proposait alors de se rendre en Californie et dont je n'ai pas entendu parler depuis. C'était un Français, ancien soldat d'Afrique et tout à fait illettré ; il était venu en Egypte, convaincu qu'il y ferait fortune. Trompé dans son attente, il se rendit au Cordofan et pénétra jusqu'à Caubé ; présenté à Sulthan Hosséyn, il lui proposa de lui fabriquer de la poudre. Mais convaincu bientôt de son incapacité, Hosséyn lui fit donner deux dromadaires et lui intima l'ordre de quitter le pays. » (1)

Les goûts aventureux de M. d'Escayrac l'entraînèrent bientôt dans le bassin supérieur du Nil, et après un court séjour à Siout, où il assista au passage de la caravane Darfourienne

(1) Le Désert et le Soudan. Dans la préface de cet ouvrage, M. d'Escayrac écrit : « Mais le voyageur ne cherche pas seulement des arbres ou des pierres ; partout j'ai cherché l'homme, l'homme éclairé et intelligent. L'étranger élevé dans des idées différentes des nôtres, le compatriote établi dans une contrée lointaine sont comme des livres que le voyageur feuillette à son gré, ouvre à la page qu'il aime, qui fournissent une réponse à toutes ses questions, un éclaircissement à tous ses doutes. Les faits s'accumulent dans sa mémoire, se confirment les uns les autres ou se combattent :

du ramadhan de 1266, (1850), il parcourut la Nubie, le Sennar, l'Abyssinie, le Soudan et le Cordofan s'avançant jusqu'à Lobéïdh, au cœur du pays, malgré les difficultés et les périls de l'entreprise : « Pendant mon voyage de Debbé à Lobéïdh, dit-il, la caravane dont je faisais partie fut elle-même épiée et suivie par le goum ou troupe de pillards, dont nous découvrimes les traces ; le goum, en effet, ne se laisse jamais voir qu'au moment de l'attaque, qui a lieu généralement le soir ou le matin alors que les caravanistes s'occupent à charger ou à décharger les chameaux. Le nombre d'armes à feu que nous possédions et la garde vigilante que nous faisions la nuit en imposa sans doute aux pillards, car au bout de trois jours ils cessèrent de nous suivre et regagnèrent le Darfour. » (1)

(1) Le Désert et le Soudan.

le voyageur discerne, apprécie et généralise. Je citerai donc parmi les informateurs auxquels je dois le plus, MM. Mopurgo, négociants autrichiens établis dans le Soudan. C'est à MM. Mopurgo que je dois d'être devenu un chamelier passable et de savoir voyager dans le désert. M. Thibaut, auprès duquel j'ai pu étudier les Arabes du Cordofan, mieux encore que sous leurs tentes. M. Rollé, négociant, établi depuis longues années à Khartoum. M. Peney, chirurgien en chef de l'armée du Belad-es-Soudan. Enfin, don Ignatius Knoblecher, supérieur de la mission catholique du fleuve Blanc. »

Dans le Cordofan, M. d'Escayrac, pour se rendre compte par lui-même, de la façon inhumaine et barbare, dont les Turcs traitaient les populations autochtones, assista à une ghazwa : « J'ai assisté, dit-il, en 1850 dans le Cordofan à une ghazwa, dont j'ai conservé le plus pénible souvenir et qui eût continué plus loin dans le pays des noirs, si heureusement l'attitude ferme de ces derniers et l'abondance du butin déjà fait, n'eussent engagé le gouverneur du Cordofan à terminer l'expédition. (1) »

M. d'Escayrac rentré en France au mois de décembre 1850, fut mis en rapport à Paris, par des amis communs, avec un savant M. Jomard, (2) dont ceux qui l'ont connu ne

(1) Le Désert et le Soudan.

(2) Edme-François Jomard, savant géographe, ingénieur, archéologue et orientaliste, naquit à Versailles le 17 novembre 1777, et montra dès son enfance, un esprit pénétrant et réfléchi. Après avoir fait de brillantes études au collège Mazarin, il fut admis bien qu'à peine âgé de dix-sept ans à l'Ecole polytechnique lors de son ouverture en 1794, et deux ans après, en 1796, il entra à l'Ecole de géographie du cadastre. A vingt-un ans il fit partie comme ingénieur géographe de la commission scientifique que Bonaparte avait associée à l'expédition d'Egypte, et il fut employé au grand plan topographique d'Alexandrie. Sous la direction de Monge, le jeune ingénieur mesura et dessina les monuments les moins connus

savent ce qu'il fallait le plus admirer ou sa modestie ou l'étendue de ses connaissances. Séduit par les qualités brillantes du jeune voyageur qui revenait de cette terre d'Egypte où il avait fait ses premières armes, M. Jomard s'attacha affectueusement à lui, et avec le concours de M. de Forcade-Laroquette, le présenta à la Société de géographie de Paris dont M. d'Escayrac fut reçu membre le 7 février 1851. Il faisait déjà partie de la Société Asiatique de Paris et de la Société Orientale.

A la séance de réception du 21 février, sur l'invitation de M. Jomard, président de la commission centrale, M. d'Escayrac prit la

de l'Egypte, il fit revivre, pour ainsi dire, dans ses travaux la fameuse ville de Thèbes et il interpréta les hiéroglyphes numériques. Ce ne fut qu'à regret que M. Jomard quitta en 1802, la terre des Pharaons, et, avant de rentrer en France, il explora les îles Ioniennes. A peine de retour, il fut chargé de surveiller les opérations topographiques exécutées dans le Haut-Palatinat, ce qui lui fournit l'occasion d'étudier la géologie des montagnes de ce pays au point de vue des révolutions du globe et de prouver qu'elles étaient toutes causées par le feu central. Rappelé à Paris en 1803, pour concourir au grand ouvrage de la « Description de l'Egypte », il consacra dix-huit années à cette magnifique publication. En 1815, pendant un voyage en Angleterre, ayant visité à Londres les écoles de Bell et de Lancastre où l'on appliquait le mode d'enseignement mutuel pour les classes populaires, il revint en France partisan enthousiaste de cette méthode dont il se

parole. Il décrivit les péripéties principales de ses explorations dans la Nubie supérieure, le Soudan égyptien et le Cordofan, puis il indiqua en peu de mots et en excellents termes, ses observations personnelles sur le climat du désert. Cette communication parut si intéressante aux membres présents que le jeune explorateur fut instamment prié de rédiger sur ce sujet un mémoire pour l'assemblée générale de la Société. Cédant aux désirs si obligeamment exprimés par ses nouveaux collègues, M. d'Escayrac écrivit sous le titre : « *Notice sur le Cordofan (Nubie supérieure)* », un travail dont il donna lecture à l'assemblée

fit l'ardent propagateur. Il ne cessa dès lors de s'occuper des petites écoles et fut un des membres les plus actifs de la Société pour l'instruction élémentaire. M. Jomard fut élu en 1818, membre de l'Académie des Inscriptions et Belles-Lettres, en 1821, il rédigea les statuts de la Société de géographie de Paris qu'il a souvent présidée, et en 1826, après dix ans d'efforts, il assura la fondation de l'Institut des Egyptiens dont il fut nommé directeur. Deux ans plus tard et 1828, un département spécial de la géographie et des voyages ayant été créé à la bibliothèque royale de Paris, le roi Charles X choisit M. Jomard comme conservateur-administrateur de ce nouveau département et le chargea de son organisation, mission délicate qu'il exécuta heureusement. La plupart des nombreux ouvrages que M. Jomard a publiés dans sa longue carrière, se rattachent à la géographie dont ils embrassent toutes les branches et plus spécialement à l'Orient

générale du 14 avril 1851, et qui fut inséré au Bulletin IV, T. 1er p. 357. La valeur de ce mémoire fit apprécier à l'étranger le nom du nouveau membre de la Société de géographie, et les journaux allemands, notamment la *« Gazette d'Augsbourg du 10 juillet 1851 »*, signalèrent sous les termes les plus élogieux les explorations de M. d'Escayrac, et ils firent des vœux pour le succès d'un projet d'exploration de l'intérieur de l'Afrique, dont il avait entretenu ses collègues.

Après un court séjour en France, M. d'Escayrac résolut de réaliser un projet qu'il

et à l'Egypte. Ils présentent un double intérêt, en ce sens que l'étude de la géographie n'est jamais séparée de celle de l'histoire et des mœurs des pays décrits. M. Jomard qui faisait partie non seulement de l'Institut de France mais encore des Académies de Turin, de Naples, de Berlin et de Copenhague, mourut le 23 septembre 1862, à l'âge de quatre-vingt-trois ans, regretté de tous ceux qui l'avaient connu et laissant le souvenir d'un savant aussi modeste qu'érudit. Il était commandeur de la Légion d'honneur.

Jean-Louis-Victor-Adolphe de Forcade-Laroquette, né à Paris en 1820, se fit inscrire comme avocat à la Cour royale en 1841 et fut nommé maître des requêtes au Conseil d'Etat en 1852. Successivement directeur général des forêts, puis des douanes et des contributions indirectes, il fut appelé au ministère des finances en 1860, et en quittant ce ministère il entra au Sénat. Promu grand officier de la Légion d'honneur en 1864, M. de Forcade-Laroquette est mort en 1874.

caressait depuis longtemps, celui de visiter les lieux saints. Il revint en Egypte et de là se rendit en caravane en Palestine : « Je n'ai essayé, dit-il, le mode de transport du « chébrié » qu'en me rendant du Caire à Jérusalem. C'est une sorte de berceau placé au-dessus de la bosse du chameau, fait d'un bois flexible, couvert à son sommet d'une toile, d'une natte, d'une peau de bœuf ou de mouton. J'avais acheté une chébrié pour que deux personnes de ma suite effectuassent plus commodément le voyage ; j'y ai deux ou trois fois pris place moi-même ; mais les secousses horriblement dures de cette machine tanguante et roulante en faisaient plutôt un instrument de torture qu'un lieu de repos, et je m'en suis très promptement dégoûté, non sans quelques bosses à la tête et quelques écorchures produites par des clous mal rivés (1). »

Après avoir séjourné quelque temps à Jérusalem, M. d'Escayrac parcourut une partie de l'Asie Mineure, et il visita à Tadmor les ruines imposantes de Palmyre, qui rappellent encore la splendeur de cette ancienne capitale de Zénobie, bâtie, dit-on, par Salomon, dans

(1) Le Désert et le Soudan.

une oasis à 30 lieues de Damas sur les confins du désert de Syrie. Puis voulant approfondir ses études sur les langues orientales, il revint s'établir à Damas. où il loua une vaste maison pour lui et pour les personnes de sa suite.

A ce moment une sourde hostilité contre les chrétiens qui agitait la population musulmane de cette grande ville, provoquait fréquemment de violentes rixes, et le gouvernement turc était presque impuissant à réprimer ces désordres. Or, malheureusement à la suite d'une dispute entre leurs domestiques, M. d'Escayrac se brouilla avec un de ses voisins mahométans qui, dans un esprit de basse vengeance excita contre lui la population de Damas. Sa maison fut brusquement attaquée par une troupe de forcenés, mais M. d'Escayrac à la tête de ses nombreux et fidèles serviteurs, dont plusieurs cependant étaient musulmans, se défendit avec la plus grande énergie ; il y eut dans cette chaude affaire des morts et des blessés de part et d'autre. Le gouverneur turc, prévenu de cette violation de domicile, se hâta d'envoyer des troupes qui dispersèrent les assaillants. Le musulman, fauteur de ces troubles, fut sévèrement châtié et dut présenter de publiques excuses à M. d'Escayrac dont le caractère généreux ne tarda pas à oublier cet incident. « Je n'en puis avoir conservé de ressentiment, écrit-il peu de temps après. Je ne confonds pas un tumulte passager avec un acte de fanatisme et je sais rendre justice au peuple arabe comme au peuple turc. » (1)

Au mois de février 1853, M. d'Escayrac revint à Paris, bien décidé à mettre en ordre les notes prises dans ses explorations et à les publier sans plus attendre. Il se mit à l'œuvre avec cette ardeur incroyable qu'il apportait dans toutes ses entreprises, et à la séance générale de la Société de géographie du 22 Avril, il lut un fragment de son ouvrage qui lui valut le titre de membre adjoint de la commission centrale. Encouragé par cette flatteuse distinction, il rédigea pour la séance du 3 juin, une notice sur le « Belad-el-Djerid », dans laquelle se trouvaient de précieux détails sur le dattier qui furent écoutés par l'assemblée avec le plus grand intérêt.

Cette notice ne fut pas livrée à l'impression parce que l'œuvre complète de M. d'Escayrac allait paraître presque aussitôt sous le titre :

(1) Le Désert et le Soudan.

« *Le Désert et le Soudan, Etudes sur l'Afrique au Nord de l'Equateur, son climat, ses habitants, les mœurs et la religion de ces derniers, par M. le comte d'Escayrac de Lauture, membre de la commission centrale de la Société de géographie, membre de la Société Asiatique de Paris et de la Société Orientale. 1 vol, in-8° de 625 pages. Novembre 1853. Paris. Librairie J. Dumaine, rue et passage Dauphine 30, et Friedrich Klincksieck, 11, rue de Lille.* »

CHAPITRE III

Dans une courte préface, M. d'Escayrac présente en ces termes au lecteur son ouvrage « *le Désert et le Soudan* », fruit de longues années d'études : « Entraîné, dit-il, par le goût des voyages et l'attrait d'une vie indépendante, je parcours depuis huit années le sol de l'Afrique. Tour à tour j'ai visité Madagascar, les Comores, Zanzibar, la côte du Maroc, l'Algérie, les régences de Tunis et de Tripoli, le Belad-el-Djerid, l'Egypte, la Nubie, le Cordofan, le Sennar. Je désirais étendre encore mes investigations avant d'écrire, mais je n'ai pu jusqu'à présent donner suite à mes projets ; j'ignore ce que l'avenir me réserve et encouragé par la bienveillance que me témoignent un grand nombre d'hommes distingués et de savants parmi lesquels je citerai M. Jomard, je me hasarde à publier aujourd'hui ce travail. J'ai profité d'un séjour de quelques mois en France pour réunir mes notes éparses, les mettre en ordre et rédiger ce livre. Très pressé par le temps, je n'ai pu donner à mon style toute la perfection désirable. Je cherche la vérité pour elle-même ; mes jugements peuvent être erronés, ils sont sincères. Je n'attends rien et n'ai point reçu les faveurs de ceux que je loue ; je n'ai essuyé ni refus ni injure de ceux que je blâme.

Sympathique à l'islamisme, je ne le suis pas à ceux qui le compromettent ou le trahissent, mais les circonstances actuelles me font un devoir de la modération la plus grande. (1) J'ai joint à ce travail quelques dessins faits par moi sur les lieux et dont j'ai surveillé la

---

(1) Au moment où M. d'Escayrac écrivait ces lignes, la question d'Orient entrait dans une nouvelle phase. Le 5 mai 1853, la Sublime Porte avait reçu du prince Mentschikoff, ambassadeur du tsar, une note rédigée avec une insolence préméditée, qui réclamait pour la Russie le protectorat des lieux saints et des chrétiens grecs sujets de la Turquie. Le 18 mai le prince Mentschikoff avait quitté Constantinople, le

gravure avec le plus grand soin. Ils donneront
je l'espère une idée exacte des mœurs, de la
physionomie, du costume, de l'industrie des
Africains. Si je ne m'étais proposé que d'offrir
au public quelques vues plus ou moins
pittoresques, mon album me les aurait fournies
en grand nombre. J'aurais confié à un artiste
exercé le soin d'en tirer parti, et une litho-
graphie, une gravure sur acier leur aurait
donné du relief et de l'effet, mais j'ai pensé
que la recherche artistique était aussi déplacée
dans un ouvrage de la nature de celui-ci que
la recherche littéraire. Aussi ai-je évité la
coopération d'un dessinateur, qui n'eût pas
manqué d'altérer, de dénaturer des croquis
dont le seul mérite est la plus scrupuleuse
exactitude.

J'ai tracé sur deux petites cartes la division
par climats de l'Afrique au nord de l'équateur,
la distribution géographique des peuples qui
l'habitent ou la parcourent, et la direction

17 juin la Porte Ottomane avait rejeté le dernier ultimatum
de la Russie, et le 2 juillet l'armée russe sous le commandement du général Michel Gortschakoff, avait franchi le
Pruth. La France et l'Angleterre allaient intervenir pour la
guerre de Crimée, leurs flottes passèrent les Dardanelles le
22 octobre 1853.

commerciale des routes qui unissent le Rif et le Soudan. J'ai placé sur ces cartes les villes de Caubé et de Wara (1) en me basant sur les itinéraires dont j'ai personnellement reçu communication dans le Soudan, non que je sois certain de leur exactitude, mais parce qu'ils me semblent fournir une donnée de plus à la résolution d'un problème digne d'occuper l'attention des géographes. » Ces deux cartes offrent un réel intérêt en permettant d'établir une comparaison entre la connaissance de l'Afrique au nord de l'équateur en 1853, et à l'heure actuelle.

(1) La position, aujourd'hui exactement précisée de ces deux points importants de l'Afrique centrale, est à très peu de différence près, celle qu'indique M. d'Escayrac, seulement sur les cartes de l'Atlas général de M. Vidal-Lablache, les noms sont orthographiés Kobé et Ouara au lieu de Caubé et Wara. Kobé, ville du Darfour dans le Djebel Marra, à l'ouest de El Facher, est un des entrepôts importants du commerce de l'intérieur de l'Afrique. On évalue sa population à 6000 habitants. Ouara était la capitale du royaume de Ouaday ou Bergou. Sa population atteignait, paraît-il, 40,000 habitants lorsqu'elle fut visitée en 1856, par le voyageur allemand Edouard Vogel, qui y périt assassiné à peine âgé de vingt-sept ans, sur l'ordre du sultan de ce pays, au neveu duquel il avait refusé de céder un cheval auquel il tenait beaucoup. Presque tous les papiers de cet infortuné voyageur, dont on ne connut sûrement la mort que cinq ans plus tard, furent perdus. Aujourd'hui Ouara est en partie ruinée et l'Ouaday a pour capitale Abech.

Après ces quelques mots de préface et une courte introduction, l'ouvrage de M. d'Escayrac, comprenant 625 pages in-8°, est divisé en cinq livres, dont voici une rapide analyse :

Le livre premier est consacré à l'étude des climats africains. Le chapitre premier après avoir donné les grandes divisions de l'Afrique septentrionale, zone des pluies hivernales, zone privée de pluies, zone des pluies estivales et zone des pluies incessantes, jette un coup d'œil sur la région des pluies hivernales, le Rif, nom qui s'applique du reste, à toute la région cultivable, située au nord du Sahara. Le chapitre second s'occupe du Belad-el-Djerid, de son développement, du dattier, de sa culture, de ses variétés, de ses usages, et esquisse l'aspect du désert. Le chapitre troisième traite des températures africaines, des variations diurnes, des observations faites dans le Soudan, et se termine par une comparaison entre le désert et le Soudan. Le chapitre quatrième étudie le régime des vents, leur direction, leur action, les dunes, les ouragans, les trombes de sable et le simoun. « Voyageant pendant une belle nuit du mois de juin dans

le désert des Bycharas, dit M. d'Escayrac, et
ne me trouvant plus qu'à trois journées de
Soaken, où je me rendais alors, je me réjouissais
de la pureté admirable du ciel, dont aucun
nuage ne me dérobait une seule étoile. J'admi-
rais le calme profond de l'atmosphère, quand
tout d'un coup la scène changea, un nuage
noir se montra brusquement à l'est, et s'élevant
avec une effrayante rapidité, eut en quelques
instants envahi la moitié du ciel. Une rafale
subite, et d'une extrême violence, vint nous
couvrir de sable ; des graviers de la grosseur
d'un pois nous battaient la figure. Nous nous
étions couverts avec soin le visage, mais nous
ne pouvions entr'ouvrir les yeux sans qu'ils se
remplissent de sable. » Le chapitre cinquième
définit le Mirage, ses diverses espèces, les
illusions (1) qu'on y rapporte et les mirages
d'eau. « Je me borne à remarquer, écrit
M. d'Escayrac, que le mirage d'eau peu fréquent
dans l'intérieur de l'Afrique, est extrêmement

----

(1) « Souvent, remarque M. d'Escayrac, l'on est porté à
attribuer au mirage des effets dont la cause doit être simple-
ment cherchée dans la situation physique et morale de
l'observateur. L'extrème irritation de la vue, une soif
excessive, une sorte de demi-sommeil, donnent lieu à des
illusions particulières dans lesquelles le mirage n'entre pour

rare en Egypte, où pendant un séjour de plus de deux ans, il ne m'est jamais arrivé de le voir. Ce n'est guère que dans le Cordofan et au mois de mai que j'ai pu voir des fleuves, des golfes ou des bras de mer. »

Le chapitre sixième et dernier du premier livre est entièrement consacré au Soudan ; il fixe la limite des pluies. « Je me suis basé moi-même, dit M. d'Escayrac, pour la détermination de la limite de ces pluies, sur ce que j'ai remarqué dans le désert de Bahiouda. C'est à deux journées du Dongolah actuel à Omm Belila, que se trouve cette limite. Les observations faites au Sénégal viennent confirmer cette loi : les pluies y tombent de juin à octobre ; elles n'atteignent pas Portendick. Les pluies du Soudan donnent naissance à des cours d'eau intermittents, semblables à ceux du Nord de l'Afrique ; leur lit desséché en partie au printemps, ne présente plus que des flaques d'eau (Birak). Ces mêmes pluies

rien. Une rêverie profonde peut, comme le délire, donner à chaque objet une forme nouvelle : un rocher devient une maison, un buisson est pris pour un grand arbre, une étoile pour un phare, et ainsi de suite. » M. d'Escayrac reviendra plus tard sur ce te intéressante que tion dans son ouvrage : Mémoire sur le Ragle, ou Hallucination du désert.

alimentent la source des rivières et des fleuves qui, tels que le Niger, le Yeou, le Chary, la Tchadda, le Nil, (1) etc, leur doivent des crues annuelles, dont l'importance est nécessairement en rapport avec la longueur de leur développement au-dessous du 17° parallèle et le nombre de leurs affluents dans la même région. L'époque de ces crues doit évidemment être postérieure à celle des premières pluies ; elle en sera même d'autant plus éloignée que le point du fleuve où on les observera se trouvera à une plus grande distance au nord du 17° parallèle. »

(1) En parlant des cours d'eau de l'Afrique centrale, M. d'Escayrac fait connaître que dès cette époque, la solution du problème géographique de la découverte des sources du Nil Blanc, était l'objet d'une de ses préoccupations constantes. Ce problème ne devait être résolu que bien des années plus tard, et il est intéressant aujourd'hui de connaître grâce à lui, quelles étaient en 1853, les hypothèses faites sur cet important sujet. M. d'Escayrac s'exprime ainsi : « Ce serait ici le lieu de parler des sources du Nil, désirant en dire quelques mots, j'ai cherché à élucider cette question en me basant sur l'époque à laquelle se produisent les crues de ce fleuve ou de ses affluents, dans le Sennar. Don Ignatius Knoblecher, chef de la mission catholique de Khartoum, a observé que, sous le 4me degré, le Nil Blanc commençait à croître dès le mois de janvier ; un pareil fait ne s'expliquerait évidemment qu'en plaçant la source du Nil fort au sud de l'équateur, et soumettant ainsi son cours supérieur aux pluies de l'hémisphère austral qui tombent de décembre en mai ; d'un autre

Le chapitre sixième donne aussi l'aspect général du Soudan, de sa flore usuelle, de sa faune et se termine par des conseils d'hygiène et de médication locale que M. d'Escayrac adresse en ces termes aux Européens : « En thèse générale, les Européens du Nord ne doivent pas se hasarder dans le Soudan, non plus que les habitants des contrées fiévreuses, dont la constitution se trouve déjà altérée par l'action des miasmes, ni les gens dont le foie, l'estomac ou les intestins sont déjà le siège de quelque dérangement. Ceux même qui ne sauraient être rattachés à aucune de ces caté-

côté cependant, les observations faites à Khartoum par des hommes distingués, et celles entre autres produites par Linant-bey, ne permettent pas de considérer le mois de janvier comme l'époque probable des crues du Nil Blanc sous le 4° parallèle.

De là, une indécision complète, dont le résultat est que parmi les géographes, les uns, comme M. d'Abadie, placent à l'est les sources du Nil Blanc, tandis que les autres, se basant sur le témoignage du sulthan des Fellatas, Bello, et de presque tous les Africains, les placent à l'ouest, les confondant avec celles du Niger, et regardent le Niger, soit comme le cours supérieur du Nil, soit comme un bras de ce fleuve. C'est ainsi que, d'après M. Fresnel, le Nil et le Niger sortiraient d'un même lac situé dans l'hémisphère austral. Je ne me prononcerai pas, quant à moi, sur une question si difficile et qui divise tant d'hommes éminents ; je dirai seulement qu'on peut regarder aujourd'hui comme probable que le Nil Blanc prend sa source au sud de l'équateur, vers le 6me degré

gories ne pourront, dans le Soudan, conserver leur santé et leur vie qu'en observant les règles d'une hygiène sévère et qui, comme je l'ai déjà dit, doit varier avec les saisons. Ils feront bien d'ailleurs, lorsqu'ils éprouveront du malaise, de changer de climat, et dès qu'ils seront malades, ils devront préférer à la médication usitée en Europe, celle tout empirique du reste que les habitudes locales consacrent et qui est basée sur une expérience que l'on ne doit pas dédaigner. »

Le livre deuxième présente des Considé-

environ, et sort d'un grand lac dont j'ai moi-même entendu parler à Zanzibar. »

L'expérience a démontré que l'hypothèse de M. d'Escayrac était la vérité, mais les difficultés matérielles pour atteindre cette région des grands lacs paraissaient alors presque insurmontables, et il ajoute en note : « S'il ne fallait que du courage pour découvrir les sources du Nil Blanc, ces sources seraient depuis longtemps connues ; malheureusement, il faut de plus une patience à toute épreuve, une acclimatation complète, un matériel et des approvisionnements considérables pour arriver à un résultat définitif. Les explorateurs devraient, en effet, hiverner sous le 4ᵐᵉ degré. Partis de Khartoum, ils atteignent cette latitude au moment où les eaux commencent à baisser ; il faut, pour aller plus loin, qu'ils attendent des crues nouvelles. L'expédition doit donc employer de dix-huit mois à deux ans ; il faut du biscuit pour deux ans (la viande se trouve partout), des outils pour se construire des habitations et se retrancher, de quoi armer un personnel nombreux et des munitions en abondance. »

rations sur la barbarie et des Etudes sur
l'Islamisme et les mœurs des musulmans
actuels, réparties en cinq chapitres. Le
premier, de la barbarie ; le second, de l'islamisme comme système religieux ; le troisième,
de l'islamisme comme système politique ; le
quatrième, de l'état moral des musulmans
actuels, et le cinquième, des causes de la
barbarie des Africains, dont les principales
sont le peu de développement des côtes
africaines, la barrière opposée par le désert
et l'action de l'islamisme.

Le livre troisième est consacré aux Arabes.
Le chapitre premier, après un portrait de cette
race de pasteurs, s'occupe de leurs migrations,
de leur langage, de leur physiologie. « Les
Arabes, écrit M. d'Escayrac, ont besoin de
très peu de sommeil. En voyage comme dans
la tribu, dès qu'un bon feu est allumé, ils
s'accroupissent presque à toucher la flamme et
passent les trois quarts de la nuit à causer,
à chanter, à raconter des histoires. Ils dorment
rarement plus de trois heures et passent
facilement plusieurs nuits sans prendre aucun
repos. J'ai passé à deux occasions trois nuits
et deux ou trois jours à dromadaire, ne prenant

chaque vingt-quatre heures que la demi-heure
de repos nécessaire pour donner aux animaux
le grain dont ils avaient besoin. j'étais fatigué
en arrivant au gîte et je dormais de bon cœur ;
les Arabes étaient aussi frais qu'en partant et
ne pensaient pas à se coucher. Leur sobriété
est vraiment incroyable ; en voyage, en expédition, à la chasse, ils ne mangent et ne
boivent jamais plus d'une fois dans les vingt-
quatre heures, une poignée de dattes ou de
farine, quelques gorgées d'eau suffisent à ce
repas ; souvent il leur arrive de rester deux
ou trois jours sans rien prendre, on cite même
l'exemple d'Arabes perdus dans le désert
pendant quatre ou cinq jours, qui ont survécu
à cette rude épreuve sans en éprouver de bien
graves atteintes. J'en ai vu souvent partir pour
une tournée ou pour une chasse qui devait
durer près d'une semaine et les éloignait de
tous les puits, n'emportant avec eux qu'une
livre de farine et trois à quatre litres d'eau
contenue dans une petite outre en peau de
gazelle qui, par l'évaporation, devait en laisser
échapper plus d'un quart. Les chameliers qui
partent du Caire pour se rendre à Suez,
mangent et boivent avant leur départ ; le

voyage dure trente heures et souvent davantage ; ils ne prennent cependant un nouveau
repas qu'en arrivant au lieu de leur destina-
tion.» Le chapitre second traite des mœurs des
Arabes, des femmes, des tentes, de l'hospitalité,
des troupeaux, des chevaux et des chasses. Le
chapitre troisième initie à l'esprit des Arabes,
au gouvernement des tribus, au rôle des otages,
et « le meilleur moyen de réduire les Arabes
à l'impuissance, constate M. d'Escayrac, est
d'en avoir des otages. La solidarité est la loi
essentielle des sociétés barbares : exposer sans
défense l'un des siens à la fureur de l'ennemi,
ce n'est pas seulement un crime c'est un
éternel opprobre. » Ce chapitre troisième
s'occupe aussi de la · noblesse chez les
Arabes et de leurs rapports avec les Européens. (1)

(1) « Tel peuple est orgueilleux, dit M. d'Escayrac, tel autre
cruel, le Français seul peut être bienveillant et amical sans
cesser d'être fier et sans rien perdre de sa franchise. Aussi
lui suffit-il de passer quelques jours sous la tente des
nomades pour être considéré par ces derniers comme un
ami et un frère. Les Arabes aiment l'argent des Anglais et
saluent quelquefois la cravache des Turcs ; mais il n'y a
guère, j'ose le dire, que le Français qu'ils puissent aimer
pour lui-même. Je citerai un Français, M. Thibaut, qui
depuis une vingtaine d'années est établi dans le Cordofan,
où il est connu sous le nom d'Ibrahim. M. Thibaut, adonné au
commerce de la gomme, eût pu faire une brillante fortune

Le chapitre quatrième et dernier du livre troisième parle des guerres des Arabes. de leur vendetta et à ce sujet, M. d'Escayrac écrit : « L'Arabe qui accepterait une insulte et ne songerait pas à se venger serait déshonoré ; on le montrerait au doigt dans la tribu ; aucune fille ne voudrait le nommer son époux Il se vengera donc le plus tôt qu'il le pourra, c'est-à-dire qu'il aura recours à quelque ruse qui lui livrera son ennemi, l'attendra dans quelque embuscade et le tuera. » La fin du chapitre traite des armes, de la fierté des nomades, de

s'il n'eût pris l'habitude de dépenser de suite ses bénéfices annuels. Sa manière de vivre à Lobéïdh, centre du Cordofan, est plutôt celle d'un puissant chef arabe que celle d'un négociant européen. Chaque soir des Bédouins, dont le nombre s'élève parfois à soixante et quatre-vingts, viennent réclamer sa généreuse hospitalité. Ses serviteurs égorgent, selon l'occasion, quelques moutons, un bœuf, une chamelle ; d'innombrables pots de mérissa sont placés devant les convives ; de grands feux s'allument dans les cours ; la viande fume et se crispe autour du foyer ; la pâteuse asida bouillonne et gémit dans les marmites ; bientôt M. Thibaut se présente, adresse quelques compliments à ses hôtes et jette un regard sur ce repas dont le festin des prétendants décrit par Homère dans l'Odyssée, semble avoir fourni le type et le modèle. Je me trouvais dans le Cordofan lorsqu'arrivèrent chez lui, conduisant cinq chamelles grasses, quelques Arabes délégués par une ferka ou subdivision de la tribu des Kubabich ; en apercevant leur ami Ibrahim, ces Arabes poussèrent des cris de joie. »

leur duel et de leur courage passif, à propos
duquel M. d'Escayrac cite cet exemple :
« L'Arabe endure les plus atroces douleurs
sans se plaindre : il souffre autant que nous,
mais le point d'honneur lui fait dire comme au
stoïcien : O douleur, je n'avouerai jamais que
tu sois un mal ! — Pendant mon séjour dans le
Cordofan, un Arabe, faisant partie d'un contin-
gent militaire qui avait suivi le gouverneur
dans une expédition contre les Baggara, se
rendit coupable du meurtre de son chef, et
s'étant assis auprès du cadavre, attendit qu'on
vint l'arrêter. Le bey le condamna à mort et
ordonna qu'il serait sur le champ lié à la bouche
d'une pièce de campagne chargée à boulets.
Pendant que les préparatifs se faisaient, l'Arabe,
qui avait entendu avec la plus grande indiffé-
rence la décision prise à son égard, sortit de
la tente, et s'approchant de quelques soldats
qui s'étaient assis en dehors, pria l'un d'eux
qui fumait de lui passer un instant sa pipe ;
il s'accroupit, aspira quelques bouffées, et
quand on vint le prévenir que tout était dispo-
sé pour son supplice, il rendit la pipe à son
maître, salua celui-ci, et marcha d'un pas
ferme vers le canon qui l'attendait. »

Le livre quatrième s'occupe des noirs colonisés et renferme sept chapitres, dont le
premier trace le portrait des noirs que M.
d'Escayrac considère comme bien au-dessous
des blancs. (1) Ce premier chapitre traite
aussi de la coloration de la peau des noirs, de
leur anatomie, des stigmates, de l'infibulation
et des antropophages. Le chapitre second
étudie les mœurs des noirs, leurs habitations,
villages et puits, le traitement des femmes,
l'industrie des Soudaniens, les monnaies du
Cordofan, la culture du dekka et ses prépa-
rations, la mérissa, les condiments et la
dessication de la viande. (2)

(1) Le jugement suivant que M. d'Escayrac porte sur la
race nègre en général, paraîtra sans doute un peu trop
sévère : « L'intelligence des noirs, dit-il, est bien inférieure à
celle des blancs. Le noir comprend facilement ce qu'on lui
explique, mais son esprit n'entrevoit rien au-delà de ce qu'on
lui montre. Sa mémoire est fidèle lorsqu'il ne s'agit que de
se rappeler des sons, mais la raison ne s'y grave pas de
même ; il ne saisit que la forme, ne comprend pas ou ne
retient pas l'idée. Ce qui distingue essentiellement l'Européen,
c'est la merveilleuse facilité qu'il possède de s'assimiler toutes
les idées, d'en déduire toutes les conséquences ; il est
naturellement très éducable, tandis que la race noire est
rebelle à l'éducation qui peut l'effleurer, la couvrir d'un
vernis éphémère, mais ne la pénètre pas ou du moins ne l'a
pas pénétrée encore. »

(2) Au sujet de l'alimentation dans le désert et le Soudan,

Le chapitre troisième est consacré à l'esprit des noirs, aux explorateurs divers, au gouvernement féodal, à la manière de combattre, aux divisions actuelles du Soudan oriental, à la facilité qu'ont les gouverneurs de cette province de se rendre indépendants du pacha d'Egypte, à la religion, au rite malki, aux Eulémas du Soudan, aux Fakihs-tekrouris. « Pour ces pauvres gens ignorants et naïfs, dit M. d'Escayrac dans ce chapitre, tous les blancs sont des Turcs. Nous croyons en France l'univers occupé de notre gloire et de nos révolutions, un voyage dans le Soudan nous rend plus modestes ; le nom même de la France n'y est connu que des agents du pacha d'Egypte : le canon des Pyramides a pu faire trembler l'Europe, il n'a pas retenti au-delà des

M. d'Escayrac déclare que : « Les viandes préparées en Europe ne sauraient être plus utiles au voyageur qui se hasarde dans le désert que les tentes fabriquées à Paris ou à Londres, il n'en est pas de même des légumes desséchés par le procédé de M. Masson ; leur excellente conservation, leur saveur parfaite, leur transport facile, leur extrême bon marché les recommandent également à celui qui sillonne les mers et à celui qui traverse les sables. Ce dont ils ont besoin l'un et l'autre, ce sont les aliments végétaux, le reste ne leur manque jamais ; les légumes leur manquent toujours, et l'usage continuel des salaisons, de la viande, les fatigue et ruine leur santé. »

cataractes. On m'a demandé à moi-même dans le Cordofan, si ce pays dont je parlais était aussi grand que la ville de Lobéïdh, et si les Français savaient cultiver la terre et faire usage de la viande. » Le chapitre quatrième parle des noirs idolâtres, de leur barbarie, du Taggeleh et des pays au-delà, de la difficulté d'y pénétrer, des habitations des idolâtres, de leur emploi comme soldats et des Missions. Le chapitre cinquième s'occupe des Ghazwas, de la loi du djihad. « Suivant la loi musulmane, dit M. d'Escayrac, les vrais croyants ont le droit, après trois sommations, d'envahir les terres des infidèles dans le but de les amener à la vraie religion. C'est là l'objet de toute guerre juste, djihad, l'exaltation de la parole de Dieu, le triomphe de la foi et la répression du crime. » Mais dans la pratique, M. d'Escayrac fait ressortir l'illégalité des ghazwas, de celles de Méhémet-Ali, (1) de l'enlèvement

(1) Méhémet-Ali était né en Macédoine, à Kavala en 1769. Officier dans la milice irrégulière en 1787, il fut après la bataille d'Aboukir, en 1799, nommé général des troupes albanaises en Egypte, et il se fit offrir en 1805, la dignité de pacha par ses soldats qu'appuyèrent les cheiks arabes et les ulémas. Après avoir affermi son pouvoir sur l'Egypte, la Nubie et le Sennar, Méhémet-Ali étendit en 1821, jusqu'au Fazogl les limites de sa domination. Admirateur enthousiaste

partiel des esclaves et de leur traitement dans le Soudan. Le chapitre sixième consacré à la traite et à l'esclavage musulmans, donne le relevé de la traite, les lois qui régissent l'esclavage, la nature de l'esclavage oriental et la situation des esclaves blancs. Enfin le chapitre septième et dernier du quatrième livre présente un aperçu de la traite et de l'esclavage américains. M. d'Escayrac est un ancêtre de l'émancipation des hommes de couleur dans ses considérations : sur l'origine de l'esclavage et de la traite américaine, sur sa situation et son relevé actuels, sur le régime de l'esclavage, les préjugés de couleur. Il trace un tableau bien vivant des châtiments, des

de Napoléon I, inspiré même par quelques-uns des compagnons d'armes de l'empereur, il demanda à la France des officiers, des ingénieurs, des savants, et avec leur aide, il créa une marine, organisa une armée à l'européenne, ouvrit le canal Mahmoudieh entre le Caire et Alexandrie, et donna un vif essor à l'agriculture et à l'industrie. Mahmoud II lui donna Candie, comme récompense, après la bataille navale de Navarin ; mais Méhémet-Ali, ayant tourné ses armes contre le sultan, l'intervention des puissances européennes arrêta ses conquêtes, toutefois en 1841, il fut reconnu pacha héréditaire d'Egypte, à la condition de renoncer à Candie, à la Mecque, à la Syrie, et de promettre d'obéir aux lois générales de l'empire turc. Méhémet-Ali, que les musulmans regardaient comme un saint, est mort en 1849.

misères, du désespoir et des désirs de ven—
geance des esclaves, et il envisage, en
terminant, la question de savoir si l'esclavage
colonial peut être supprimé.

Le cinquième et dernier livre, non moins
intéressant que ceux qui précèdent, étudie le
commerce du Soudan, il se compose de cinq
chapitres. Le premier étudie l'historique du
commerce du Soudan, les relations du Soudan
avec le Rif dans l'antiquité et avant la conquête
de l'Egypte et des régences barbaresques par
les Turcs, les établissements de la France en
Afrique, la position nouvelle des Egyptiens et
des Turcs, et les entreprises de l'Angleterre. (1)
Le chapitre deuxième énumère les articles
offerts et demandés par le Soudan, les articles
fournis par lui et ceux fournis par le désert,
les articles qui pourront s'y joindre par la
suite, les provenances du Rif et de l'Europe,

(1) Avec une grande justesse de vue, M. d'Escayrac annonce
longtemps à l'avance, la mainmise des Anglais sur l'Egypte.
Et cependant il fait ressortir que, après la conquête de
l'Algérie, l'Angleterre n'avait pas en Afrique une base aussi
forte que celle de la France ; mais douée de cet esprit de suite
nécessaire au succès des grandes entreprises, elle comprit
toute l'importance des relations à établir avec le Soudan, se
fixa un but, et malgré les plus cruels mécomptes, malgré
les pertes les plus sensibles, ne renonça jamais à l'atteindre.

les bénéfices opérés par le commerce. Le chapitre troisième indique les routes suivies par le commerce, les frontières maritimes du Soudan et du Sénégal, l'importance du Niger, les routes du désert pour Mogador, Tripoli et Benghazy, le cours connu du Nil, le commerce et les routes du Cordofan, la marche des caravanes du Darfour à Siout, la route de Soaken à Berber et celle de Keneh à Coséir.

Le chapitre quatrième s'occupe de la connaissance des routes, des points de repère, de la mesure du temps, des routes estimées par les guides, des puits du désert et de la nature de leurs eaux, (1) enfin de la lecture du sabie

(1) « L'eau de ces puits, rapporte M. d'Escayrac, est en général saumâtre ou corrompue ; tantôt elle provient d'un sol imprégné de sel gemme, de natron, de sels de magnésie et de chaux ; tantôt elle a séjourné longtemps sur le sol, exposée au plus ardent soleil ; les débris des moucherons et des insectes qui en fréquentaient les bords en remplissent le fond et s'y décomposent ; les ordures des bestiaux qui y viennent boire, ajoutent à l'infection générale ; l'eau est verdâtre ou noire, gluante et visqueuse ; son odeur est repoussante, son goût âcre ou fade. Dans les puits, elle est souvent amère, et purge cruellement les malheureux réduits à en faire usage ; dans les mares, elle affecte davantage l'odorat, et elle agit parfois sur l'économie de la même façon que les substances corrompues : c'est, en un mot, un véritable poison septique. Les Arabes, qui n'en boivent pas souvent d'autre, ont une grande prédisposition au scorbut,

et à ce sujet, M. d'Escayrac donne un intéressant exemple : « Mille indices qui échapperaient
à notre observation, dit-il, permettent aux
Arabes de faire à chaque instant la chronique
du désert. Sur les vestiges les moins apparents,
les guides bâtissent souvent toute une histoire,
dont on est surpris d'abord, mais dont on ne
tarde pas à reconnaître plus tard l'exactitude
singulière. Je parcourais un jour le désert qui
sépare Lobéïdh du Sennar, lorsque, apercevant
sur le sable les empreintes de deux chameaux,
je demandai à l'un de mes guides ce qu'il en
pensait : « Les chameaux, me dit-il, sont montés
par une famille turque, accompagnée d'un
serviteur arabe qui est blessé au pied. Cette
famille se compose d'un Turc de rang secon-
daire, de sa femme, et d'un enfant qui peut
avoir tout au plus deux ans. »

Etonné de tant de détails, je lui demandai
où il avait vu les gens dont il parlait. Il ne put
s'empêcher de sourire. « Je ne les ai pas vus,
me dit-il, mais il faut qu'il y ait deux personnes

aux maladies scrofuleuses et aux diverses affections du foie.
Un fait assez remarquable, c'est que les chameaux, chez
lesquels du reste l'hépatite est si fréquente, préfèrent cette
eau trouble et infecte à celle si limpide et si inoffensive du
Nil. »

5

montées, en outre de l'enfant, car sans cela le
serviteur blessé monterait l'un des chameaux,
au lieu de traîner tristement sur le sable son
pied entouré d'un bandage. Quant à l'enfant,
j'ai aperçu, il y a une heure, des excréments
qui ne peuvent appartenir à un homme fait. Je
n'ai, du reste, point vu ses pas et je crois qu'on
le porte lorsqu'on s'arrête, afin de lui épargner
une trop grande fatigue. — C'est bien, lui
dis-je, mais d'où sais-tu qu'ils sont Turcs ? —
Turcs, me répondit-il, car ils ont étendu un
tapis pour se reposer, et les Noubas et les
Arabes s'asseoient sur le sable ; car ils portaient
des souliers et le domestique seul marchait les
pieds nus. Leur équipage mesquin prouve
qu'ils sont pauvres ; ils voyagent avec deux
chameaux et n'ont pas de tentes ; un seul
homme les sert : ce Turc est tout au plus un
sergent ou un employé civil du dernier ordre. »
Ces renseignements ne me parurent pas
d'abord dépourvus de vraisemblance ; mais
leur exactitude parfaite me fut démontrée le
lendemain par la rencontre que je fis des
voyageurs dont mon guide m'avait entretenu. »

Le chapitre cinquième et dernier du cinquième livre et de tout l'ouvrage, étudie les

moyens de transport, les chevaux et les dromadaires, (1) la manière de les préparer aux fatigues du voyage, les caravanes et leur désordre, enfin la manière de voyager dans le désert. « J'ai dit plus haut, écrit M. d'Escayrac, comment on devait préparer les chameaux aux fatigues d'une longue route. Quant à ma manière de voyager dans le Désert, la voici : J'ai soin de faire coincider autant que possible, mon départ avec le septième ou le huitième jour du mois lunaire ; je puis ainsi profiter pendant la nuit, de la clarté de la lune. Ayant quitté le point de départ vers les trois heures de l'après-midi, je ne m'arrête plus qu'au coucher de la lune.

(1) On conduit l'hedjin, nom arabe du dromadaire de selle, au moyen d'une sorte de licol formé soit d'une corde, soit d'une tresse élégante de cuir, dont une extrémité passe autour de son cou, lui embrasse la partie supérieure du museau, et dont l'autre extrémité se termine par un anneau de fer, de cuivre, ou d'argent, que l'on passe, en le bridant, dans l'une de ses narines et que quelquefois on y laisse à demeure. La selle dont se servent, pour le monter, les Arabes de la péninsule et les nomades du Sahara, ne diffère pas beaucoup de celle des chevaux. On en voit même qui sont pourvues d'étriers ; il est cependant beaucoup plus commode et plus avantageux de croiser ses jambes en avant du pommeau antérieur de la selle et de les appuyer sur le cou de l'animal que l'on dirige alors avec les talons, de la même manière que l'on dirige un cheval avec les genoux.

Les domestiques m'ont devancé de quelques minutes au lieu désigné pour le campement, et je trouve les tentes établies lorsque j'arrive. Si l'on a trouvé en route un peu de bois, ou que, comme dans le Soudan, le lieu où je campe en fournisse beaucoup, on allume les feux, le grain est donné aux chameaux ; je prends mon souper, je règle les tours de veille, et si une petite caravane s'est réunie à moi, j'établis deux ou trois postes à quelque distance du campement ; je fais faire des rondes, je me couche et je me réveille une ou deux fois pour m'assurer par moi-même que les factionnaires ne sont point endormis et que tout est tranquille.

Plein d'obéissance, le hedjin comprend la voix de son cavalier, il se montre reconnaissant des bons traitements qu'on lui prodigue, et se venge parfois avec une singulière adresse de ceux qui le maltraitent ou lui enlèvent sa nourriture. J'ai possédé et monté souvent moi-même, ajoute M. d'Escayrac, un dromadaire bychari, dont je n'ai jamais eu qu'à me louer : il avait cependant tué son palefrenier avant de m'être vendu. Cet homme, d'un caractère violent, le frappait sans cesse et lui volait une partie de son grain ; le hedjin attendit l'occasion de se venger, elle ne tarda pas à se présenter, et un jour que le palefrenier passait à sa portée sans être armé de sa cravache, le hedjin se jeta sur lui, le saisit par sa blouse avec les dents, et le roulant à terre, lui écrasa la poitrine à coups de pied.

Voyageant le plus souvent seul et n'ayant avec moi que deux guides et sept ou huit domestiques, je n'ai d'ordinaire pendant la nuit qu'un poste composé de deux factionnaires. Un homme seul, livré à lui-même, s'endort trop facilement, tandis qu'à deux, ils peuvent causer et se raconter des histoires : le sommeil leur vient d'autant moins, qu'ils répondent l'un de l'autre et se surveillent ; mes hommes font donc trois à quatre quarts, les guides en étant exemptés et étant réservés pour les rondes ; l'ascension des étoiles règle les tours de service, les cuisiniers ont la première faction et les chameliers la dernière. Lorsque j'ai plusieurs postes situés à quelque distance les uns des autres, un des chapitres les plus courts du Coran (1) sert de cri de

(1) Le Coran est divisé en 114 sourats très inégaux, renfermant ensemble 6660, et suivant quelques théologiens musulmans, 6666 ayats ou versets ; il forme trente cahiers ou djoux partagés encore en demi-cahiers et quarts de cahiers : on distingue parmi les préceptes de ce livre les versets qui n'ont rapport qu'au dogme, et ceux qui traitent de la morale et des lois. Le trente-sixième chapitre, appelé sourat ye sin, du nom des deux lettres qui le précèdent, est considéré comme le cœur du Coran, Qalb el Couran. On le récite au chevet des agonisants, à l'intention d'une personne morte dont on veut délivrer l'âme des peines du purgatoire, etc. Le premier chapitre el fathha, l'ouverture, qui ne compte que

nuit ; de demi-heure en demi-heure, l'un des factionnaires crie le premier verset du *Sourat el Ikhlass,* du *Sourat en Nass* ou du *Sourat el Cafiroun* ; le second poste doit répondre par le deuxième verset du même chapitre et ainsi de suite. On acquiert de cette manière la certitude que les hommes de garde n'étaient pas endormis : il faut, en effet, qu'ils aient entendu distinctement les paroles qui précèdent celles qu'ils ont à dire : il ne suffit pas qu'ils aient été réveillés en sursaut, comme cela n'arrive que trop souvent à des factionnaires qui se

sept ayats, est récité dans chacun des rikats de la prière, lorsque l'on exécute une tournée dévote, tawaf, autour de la tombe d'un saint, lorsque l'on part pour un voyage, lorsque l'on vient de conclure un marché et dans une foule d'autres circonstances ; il est peu d'actes de la vie religieuse ou civile dans lesquels n'intervienne le fathha. Les chapitres les plus courts, sourat el ikhlass, sourat el cauther, sourat el asr, sourat el coreïch, sont plus fréquemment que les autres récités après le fathha dans la prière. Le sourat en nas et le sourat el falaq servent à déjouer les artifices de Satan, ech Cheïtan. La récitation du Coran est une œuvre méritoire et propre à attirer les bénédictions de Dieu, celui qui le sait par cœur tout entier porte le titre de hafizh. Le Coran et les livres qui traitent de la religion musulmane ne doivent pas être imprimés ; c'est ce qui explique pourquoi les Corans imprimés à Malte ne trouvent pas à se vendre en Egypte et ailleurs, où on les offre pour quatre à cinq francs, c'est-à-dire le cinquième environ de ce que coûte une copie bien écrite.

hâtent alors de répéter le cri banal qu'on exige d'eux.

Je n'ai jamais été moi-même attaqué dans le désert, quoique j'ai été plus d'une fois suivi par le goum des pillards, et je ne dois absolument cela qu'à la surveillance continuelle que j'exerçais de jour et de nuit. Une heure et demie avant le lever du soleil, je donne le signal du chargement et du départ ; une dernière ronde est faite, on charge les animaux, je prends un léger repas, les chameaux chargés partent, et après m'être assuré que nous n'avons rien laissé en arrière, je les rejoins avec mon tutundji et l'un de mes guides. Monté sur un bon hedjin, je les ai bientôt dépassés, le guide qui les conduisait les abandonne alors, mes traces suffisant à les conduire, et, se portant de côté et d'autre, il reconnait les abords de la route.

Lorsque j'ai dépassé d'une demi-heure la caravane, je descends ; la farowa qui garnit ma selle est étendue à terre, mon domestique me prépare une tasse de café, et, au passage de la caravane, mon guide la rejoint pour la diriger ; je passe encore un instant à fumer, et je remonte pour dépasser mes gens de nouveau et ainsi de suite. Un peu avant midi, six domestiques se portant en avant avec un guide, reconnaissent le lieu de la halte, choisissent l'emplacement des tentes, les dressent et les meublent en cinq ou au plus en six minutes ; tout est prêt lorsque j'arrive, les feux s'allument, on me porte le café, je dîne (1) et je me repose jusqu'à trois heures : plus la lune doit m'éclairer durant la nuit, moins je voyage de jour, les animaux marchent mieux la nuit, et, si le désert leur offre quelques aliments, ils mangent de meilleur appétit pendant le jour. »

M. d'Escayrac après avoir ainsi exposé sa manière de voyager, termine son ouvrage en écrivant : « Malgré ses dangers et malgré ses fatigues, je ne suis pas encore dégoûté du

(1) « Ce qui rend la traversée du désert assez confortable, déclare M. d'Escayrac, c'est la facilité que l'on a d'emporter sur les chameaux tout ce dont on peut avoir besoin. On voyage, pour ainsi dire, avec sa maison ; on a de grandes et bonnes tentes, son lit, son divan, ses coussins, ses tapis et ses nattes ; on a sa bibliothèque et sa cave, des provisions abondantes, de solides et larges fourneaux : rien n'empêche d'avoir, comme dans les villes, sept ou huit plats sur la senié à chacun de ses repas ; l'eau est saumâtre, mais il est facile d'emporter de l'ale ou d'emmener avec soi une chamelle, qu'on abreuve souvent, et qui fournit chaque jour plus de lait qu'on ne peut en consommer avec ses domestiques. »

désert et je n'aspire qu'à le traverser de
nouveau. Il en est du désert comme de la mer ;
le marin irrité par la persistance du mauvais
temps ou par celle du calme, peut maudire
quelquefois son élément, mais à peine a-t-il
touché la terre qu'il veut repartir. On s'ennuie
du bruit de la ville et l'on s'en fatigue bien
vite ; l'on ne s'ennuie et on ne se fatigue
jamais de la monotonie de l'Océan ni de la
solitude du désert. »

CHAPITRE IV

Séjours de M. d'Escayrac en Egypte.

Une étude aussi considérable et aussi développée du Désert et du Soudan, que celle que nous venons d'analyser, étude dont le mérite était indiscutable, valut à son auteur une distinction précieuse que sa modestie ne lui avait point fait rechercher, M. d'Escayrac fut nommé chevalier de la Légion d'honneur, ayant à peine vingt-sept ans. Il avait déjà reçu le titre de membre de la Commission centrale de la Société de géographie, et il faisait également partie de la Société Asiatique de Paris ainsi que de la Société Orientale. Son ouvrage traduit en Allemand par le Docteur

Karl Andrée, avait été au-delà du Rhin très flatteusement accueilli.

Un autre, après de tels succès, aurait voulu jouir quelques mois au moins, d'un repos si légitimement gagné, mais il semblait que le jeune savant ayant le pressentiment que sa vie serait courte, voulait qu'elle fût utilement employée. Dès les premiers jours de l'année 1853, il repartit pour l'Egypte avec l'intention de mener à bonne fin une partie principale de ses études : *La collection des vocabulaires et la comparaison des langues parlées dans l'Afrique septentrionale orientale*. M. d'Escayrac s'établit au Caire, et ayant gagné autant par ses manières loyales et franches que par sa connaissance de la langue et des livres arabes, la confiance et l'estime des plus hauts personnages égyptiens, il profita de leur crédit pour entrer facilement en relation avec les pèlerins (1) qui de tous les points de l'Afrique,

(1) Le pèlerinage de la Mecque, pratiqué dès la plus haute antiquité par les peuples de la péninsule arabique, et même par ceux de leurs frères qui avaient passé en Egypte, a été conservé par l'islamisme. L'époque de l'année à laquelle les pèlerins doivent se trouver à la Mecque pour accomplir les rites prescrits est celle de l'iïd el kebir qui tombe le dixième jour du mois de Zoul hadj. A moins d'empêchement, les fidèles doivent, une fois dans leur vie, accomplir ce voyage

affluent dans la vallée du Nil au moment du pèlerinage de La Mecque.

Il les faisait venir dans sa maison, les interrogeait avec l'habileté que lui donnait son expérience du caractère des noirs, et dans une lettre adressée à son excellent ami, M. Jomard, il lui rendait compte en ces termes du résultat de ses efforts : *Mes longues conversations de chaque jour avec des Africains, qui commencent à perdre de leur timidité, me révèlent bien des choses que j'ignorais, et m'en font saisir bien d'autres que je ne comprenais pas bien. Tout le monde ne profiterait pas de ces entretiens.*

et ceux qui s'en sont acquittés jouissent, avec le titre de hadji, d'une considération d'autant plus grande parmi leurs compatriotes, que leur pays se trouve plus distant de la Mecque et que les obstacles dont ils ont dû triompher pour y parvenir ont été plus grands. Chaque année, écrit M. d'Escayrac en 1852, soixante mille musulmans quittent l'Inde, la Perse, la Turquie, le Maroc ou le Soudan, se dirigeant à travers mille dangers et des fatigues inouïes sur le temple de la Mecque qui n'est, à leurs yeux, que le premier oratoire élevé par l'homme à son Créateur, qui ne renferme pas le tombeau de leur prophète et encore moins, comme Jérusalem, la tombe ou le vestige de Dieu lui-même. Le plus grand nombre emploie six mois à ce voyage, beaucoup restent deux ans en route, un quart au moins ne revient pas, dévoré par la peste ou le choléra, rongé par la famine, consumé par la soif du désert ou atteint par la lance de l'Arabe féroce et pillard.

Connaissant une partie du Soudan, et familia-
risé par mes voyages avec le monde intertropical,
comme avec la vie barbare et les idées des
musulmans par mes études, je marche avec mes
informateurs du connu à l'inconnu, et par une
série de comparaisons et de rapprochements,
j'arrive à me peindre exactement ce que mes
yeux n'ont pas vu. Je n'accepte d'ailleurs
qu'avec une extrême réserve les renseignements
qui me sont donnés, je connais trop bien les noirs
pour leur rien demander d'exact ou de précis en
fait de chronologie, de statistique et d'itinéraires.

Ces importants travaux n'empêchaient point
M. d'Escayrac d'entretenir avec la Société de
géographie, toujours par l'intermédiaire de
M. Jomard, les relations les plus suivies. A la
date du 5 juillet 1854, il lui adressa de
Beyrouth, en Syrie, une importante communication sur la position exacte de la ville de
Tombouctou qu'il fallait placer beaucoup plus
au Nord que ne le faisaient alors les cartes de
l'Afrique, ainsi qu'il l'avait indiqué dans son
ouvrage sur le Soudan et que le docteur
Barth (1) venait de le prouver. Ce fut égale-

(1) Henri Barth, voyageur et géographe allemand, né à
Hambourg, le 18 avril 1821, entraîné par la passion des

ment du Caire, à la date du 26 novembre de la même année 1855, qu'il eut la satisfaction de faire parvenir le premier à la Société de géographie, la nouvelle d'un événement qui allait complètement changer la face de l'extrême Orient. *Hier dans la matinée, écrit-il à M. Jomard, le Vice-Roi a reçu le corps consulaire, et, en présence de tous les agents de l'Europe, (moins le nôtre, qui n'est pas encore arrivé et qui vient de se marier), a prononcé ces paroles : « Je concède la canalisation de l'isthme de Suez à mon ami M. de Lesseps, et à mon ingénieur Linant-bey. »* (1)

découvertes, entreprit son premier voyage en Afrique en 1845. Il explora les régences de Tunis et de Tripoli, et à travers le pays de Benghazy, il gagna l'Egypte. Au moment d'y pénétrer, il fut attaqué par des brigands qui le dépouillèrent entièrement, lui volèrent ses papiers et le laissèrent à demi-mort. Barth s'étant heureusement guéri, refit de mémoire son journal et ses esquisses. En 1850, il fit avec son compatriote Overwey et l'anglais Richardson, sous les auspices du gouvernement anglais, un second voyage au cœur de l'Afrique, qui dura plus de quatre ans. Henri Barth est mort en 1865, à peine âgé de quarante-quatre ans.

(1) Maurice-Adolphe Linant de Bellefonds, né à Lorient en décembre 1800, plus connu sous le nom de Linant-bey, entra en 1827, au service du vice-roi Méhémet-Ali, avec le titre d'ingénieur en chef. En quelques années il couvrit l'Egypte de canaux et de routes, et il dirigea les premières explorarations relatives au percement de l'isthme de Suez. Promu

Encouragé par les témoignages d'estime et d'affection que M. Jomard ne cessait de lui prodiguer, M. d'Escayrac adressa du Caire, à la date du 10 janvier 1854, par l'intermédiaire de ce savant, à l'Académie des Sciences, un *Mémoire sur le Ragle ou Hallucination du Désert*, dans lequel se trouvent réunies toutes les qualités d'un physiologiste, d'un observateur perspicace et d'un littérateur distingué. L'Académie des Sciences, section de physiologie, accueillit avec faveur cette communication et désigna MM. Geoffroy-Saint-Hilaire, Milne–Edwards et Duméril (1) pour lui présenter un rapport sur ce mémoire.

Le rapport fut rédigé par M. Duméril, en voici quelques intéressants passages : « L'auteur

au rang de bey en 1847, M. Linant trouva auprès de Saïd-Pacha la même faveur que celle dont il avait joui sous Méhémet-Ali, et le nouveau vice-roi le confirma dans ses fonctions de Directeur général des Ponts et chaussées de l'Egypte M. Linant de Bellefonds est mort au Caire, dans un âge très avancé, le 6 juillet 1882.

(1) Isidore Geoffroy-Saint-Hilaire, fils de l'illustre Etienne Geoffroy-Saint-Hilaire, né à Paris le 16 décembre 1805, professeur au Muséum en 1841, et à la Faculté des Sciences en 1850, est mort le 10 novembre 1861. Il était commandeur de de la Légion d'honneur. Henri Milne-Edwards savant français d'origine belge, né à Bruges en 1800, professeur au Muséum et doyen de la Faculté des Sciences, commandeur de la

de ce Mémoire n'est pas médecin ; c'est un voyageur très instruit, qui s'est montré fort capable et très bon juge dans ce sujet important. C'est un logicien dont l'esprit méditatif a pénétré dans tous les détails des faits nombreux qu'il a pu recueillir dans les périlleuses investigations auxquelles il s'est livré, en observant les climats de l'Afrique boréale sous les rapports météorologiques et en faisant connaître le commerce, les mœurs et les préjugés des Arabes, avec lesquels il a vécu, ainsi qu'avec les musulmans et les noirs colonisés.

Les Européens ont peu d'occasion d'observer le « Ragle. » Il n'a guère été connu que par des soldats et dans des circonstances rares, comme pendant les marches de nuit ou les veilles prolongées en temps de siège et le « qui-vive » perpétuel quand les campements sont menacés ou insultés par un ennemi insaisissable ; mais, dit l'auteur, les soldats n'écrivent guère leurs impressions. A la suite

Légion d'honneur, est mort à Paris au Muséum le 29 juillet 1885. André, Marie, Constant Duméril, né à Amiens le 1 janvier 1774, professeur à la Faculté de Médecine, membre de l'Institut, commandeur de la Légion d'honneur, est mort à Paris le 2 août 1860.

de sa propre expérience, M. d'Escayrac cite quelques exemples de cas qui ont été observés et parfaitement relatés par un archéologue très érudit, par un habile paysagiste et par un médecin distingué qui lui ont communiqué leurs sensations, et surtout celles d'un des plus récents martyrs de la science, James Richardson (1) qui s'était perdu dans le désert, et celle d'un noir qui s'y était égaré et y resta complètement abandonné pendant soixante heures. Nous terminons ce rapport en déclarant que M. d'Escayrac de Lauture nous paraît mériter les remerciements de l'Académie.» Les conclusions de M. Duméril furent adoptées à l'unanimité. Le Mémoire sur le Ragle ou Hallucination du Désert, suivi du rapport de M. Duméril, parut à Paris, à la librairie Dumaine, au mois de mars 1855.

(1) James Richardson est né en 1806, dans le comté de Lincoln en Angleterre, qui touche à l'est à la mer du Nord. Ayant tout jeune encore, formé le projet d'explorer l'Afrique centrale, il se rendit au Maroc pour y étudier la langue arabe et le Coran, mais l'exiguité de ses ressources ne lui permit pas de sortir de la Maaritanie. En 1845, il partit de Tripoli de Barbarie, visita Ghadamès et Ghat, et opéra son retour par le Fezzan. En 1850, il se lança dans le cœur de l'Afrique, explora le royaume d'Asben et le Damergou au nord du Dahomey et du Sokoto, mais avant d'atteindre le lac Tchad, il mourut de fatigue et de privation en 1851.

L'exécution du canal de Suez, entreprise
dont M. d'Escayrac, ami particulier de M. de
Lesseps, (1) était un des premiers fondateurs,
intéressait au plus haut point le jeune savant,
et le 25 février 1855, il adressa du Caire à la
Société de géographie un mémoire intitulé :
*De l'influence que le Canal des Deux-mers
exercera sur le commerce en général et sur celui
de la mer Rouge en particulier.* Avec l'autorité
que lui donnaient déjà son nom, ses travaux
antérieurs et ses récentes observations,
M. d'Escayrac faisait ressortir l'importance
qu'il y aurait pour le vice-roi d'Egypte à
ouvrir la vallée du Nil au commerce du Soudan
Oriental et du bassin encore peu connu du

(1) Le vicomte Ferdinand de Lesseps, né à Versailles le 19
novembre 1805, entra dans la diplomatie en 1825, et après
avoir occupé successivement des emplois élevés à Alexandrie,
au Caire, à Barcelone, à Madrid et à Rome, il se rendit en
octobre 1854, en Egypte où l'appelait le vice-roi Saïd-Facha.
Il y conçut et y mûrit le projet du percement de l'isthme de
Suez, et il parvint à convaincre le prince de la possibilité et
de l'importance de cette entreprise. M. de Lesseps réunit par
souscription les capitaux nécessaires et les travaux mar-
chaient rapidement lorsque la mort prématurée de Saïd-Pacha
en 1863, menaça de compromettre le succès définitif. Heureusement les difficultés furent peu à peu aplanies, et au mois
d'août 1865, les premiers bateaux purent passer du bassin
de la mer Méditerranée dans le bassin de la mer Rouge.

fleuve Blanc. Ce mémoire imprimé à Paris, au mois de mars 1855, contribua beaucoup à attirer l'attention de l'Europe sur l'œuvre de M. de Lesseps.

Malheureusement des doutes, grossis par la jalousie et la malveillance, s'étaient élevés sur la possibilité d'exécution du canal, par suite d'une différence prétendue de niveau entre la Méditerranée et la mer Rouge, ainsi que par suite de la nature sablonneuse et inconsistante du sol de l'isthme. Ces bruits étaient de nature à compromettre le succès de l'entreprise, M. de Lesseps fit appel à M. d'Escayrac. Par deux lettres adressées à M. Jomard et qui furent insérées dans le bulletin de la Société de géographie de mars-avril 1855, à la page 217, M. d'Escayrac réfuta victorieusement ces objections intéressées.

Tandis que M. d'Escayrac se trouvait au Caire, un de ses amis, M. Thibaut, établi depuis longtemps au Cordofan et l'un des compagnons des frères Antoine et Arnaud d'Abbadie, (1) dans l'expédition à la recherche

(1) Antoine-Thomson et Arnaud-Michel d'Abbadie, explorateurs français nés à Dublin en 1810 et en 1815, d'une famille originaire des Basses-Pyrénées revinrent en France en 1818, entreprirent tout jeunes encore d'explorer la Nubie, le

des sources du Nil entreprise en 1839-1840, sous les auspices de Méhémet-Ali, lui avait remis ses notes et son journal de voyage. Comprenant toute l'importance de ces précieux documents pour permettre de constater quel était au début de leurs relations avec les blancs, l'état social des populations riveraines du haut Nil, M. d'Escayrac accueillit avec joie ce dépôt et se chargea de sa publication dans les « Nouvelles Annales des voyages, » pendant le séjour qu'il se proposait d'effectuer en France, à la fin de cette année 1855.

Il avait également réuni en un mémoire toutes les observations recueillies dans ses nombreuses conversations avec les pèlerins de La Mecque. Dès son arrivée à Paris, il donna

Sennar, l'Abyssinie, le Darfour, le Cordofan. Ils séjournèrent dans cette partie de l'Afrique de 1837 à 1845, et ils furent encore retenus dans le pays des Gallas, par l'hospitalité un peu forcée d'un souverain de cette contrée, jusqu'en 1848. Le bruit de leur mort s'étant répandu en 1847, leur troisième frère, Charles d'Abbadie, alla à leur recherche et les ramena en Europe. Dans leurs explorations, ces hardis voyageurs français ont recueilli sur les sources du Nil Blanc des renseignements dont l'exactitude n'a pas été confirmée, mais toutes leurs observations sous les rapports ethnographiques et linguistiques, présentent beaucoup d'intérêt. Les deux frères Antoine et Arnaud d'Abbadie furent nommés chevaliers de la Légion d'honneur le même jour 27 septembre 1850.

lecture d'une partie de ce travail à l'Académie des Sciences morales et politiques, et l'ouvrage complet fut publié au Bulletin de la Société de géographie sous le titre de : *Mémoire sur le Soudan.* (1) Il était accompagné d'une grande carte de la partie du Soudan qui s'étend entre le lac Tsad et le Nil, et renfermait un grand nombre de documents utiles sur la géographie, l'histoire, la linguistique et l'ethnographie des états des Fellatas, le Bornou, le Fittri, le Ravemi, le Mandara, le Baguermi, le Waday et le Dar-Four.

Mais il paraissait écrit que M. d'Escayrac ne pouvait interrompre un seul instant la rude vie de labeurs qu'il avait choisie. Le gouvernement égyptien, cédant aux pressantes sollicitations de M. Ferdinand de Lesseps ainsi qu'aux vives

(1) Partout où les blancs pénètrent pour la première fois, écrit M. d'Escayrac, les noirs sont tentés de les prendre pour des animaux féroces altérés de leur sang ou pour des divinités redoutables dont il faut apaiser la colère. La moins flatteuse de ces suppositions est celle qui se présentera la première à l'esprit des noirs : ils fuiront dès lors l'approche des blancs, fermeront devant eux leurs villages, jusqu'à ce qu'une force imposante vienne à triompher de leur obstination, ou jusqu'à ce que le spectacle de l'industrie et de la civilisation des blancs leur fasse supposer qu'ils ont affaire à des dieux ; ils se montreront alors aussi soumis qu'ils étaient d'abord méfiants. Renfermés dans leur village, ces peuples

instances de M. Jomard et d'autres savants européens, venait de décider l'envoi d'une expédition à la recherche des sources du Nil Blanc. M. de Lesseps fut chargé de présenter au vice-roi le chef qui lui paraîtrait le plus capable de conduire à bonne fin cette entreprise, et aussitôt il adressa à Paris à M. d'Escayrac, la lettre suivante dont l'original se trouve actuellement au château de Lauture (commune de Cazes-Mondenard, canton de Lauzerte, arrondissement de Moissac, Tarn-et-Garonne), et une copie nous en a été obligeamment communiquée par M. le marquis d'Escayrac de Lauture. (1)

vivent dans une ignorance complète de ce qui les entoure. Naturellement courageux, ils éprouvent pourtant comme tous les hommes une terreur extrême à la vue d'un danger dont ils ne soupçonnaient pas l'existence. C'est ainsi que l'éclat des armes à feu les épouvante. Il n'est d'ailleurs pas nécessaire que le danger soit réel : tout objet nouveau qui frappe leurs regards les étonne, et s'il leur semble de nature à menacer leur vie, leur inspire les craintes les plus vives.

(1) Le marquis Paul-Ernest-Léonce d'Escayrac de Lauture, né le 16 décembre 1830, s'engagea en 1849 dans un régiment de ligne, et fut promu sous-lieutenant quatre ans plus tard, en 1853. Dès que la guerre fut déclarée à la Russie, il demanda à partir pour la Crimée et il y enleva en 1855, les épaulettes de capitaine deux ans après sa nomination comme sous-lieutenant. Après avoir pris part en 1859, à la campagne d'Italie, il passa sur sa demande au 102ᵐᵉ de ligne, qui venait

M. de Lesseps s'exprimait ainsi :

Tantah, le 23 Janvier 1856.

Mon cher comte,

Me trouvant chez le Vice-Roi avec son frère le prince Halim, qui venait prendre ses derniers ordres pour le gouvernement du Soudan dont il a été investi, j'ai amené la conversation sur les sources du Nil, j'ai parlé de l'avantage qu'il y aurait à préparer et à organiser à Kartoum les éléments d'une expédition destinée à remonter jusqu'aux dernières limites du fleuve Blanc, et de la gloire qui en reviendrait aux princes sous les auspices desquels cette expédition aurait réussi à

d'être créé pour se rendre en Chine, et dans cette expédition mémorable, il gagna la croix de la Légion d'honneur. A son retour en France, il fut choisi comme officier d'ordonnance par l'empereur et promu chef de bataillon en 1867. Après la bataille de Rezonville, où il reçut une blessure grave tandis que son cheval était tué sous lui, il fut nommé officier de la Légion d'honneur. Lieutenant-colonel en 1872, colonel en 1876, M d'Escayrac de Lauture fut admis sur sa demande à la retraite en 1879. Il a été longtemps membre du Conseil général de Tarn-et-Garonne pour le canton de Lauzerte.

atteindre un but inutilement poursuivi depuis des siècles. J'ai naturellement rencontré de l'écho auprès de deux esprits éclairés et généreux. Le Vice-Roi vous le connaissez, quant au prince Halim, vous avez dû le voir l'année dernière chez moi, c'est un jeune homme accompli qui inspire la confiance et la sympathie à ceux qui l'approchent. Il se montre tout à fait désireux de préparer l'expédition du fleuve Blanc, il y avait même déjà très sérieusement pensé et l'avait considérée comme une des choses les plus utiles qu'il eût à entreprendre dans son gouvernement. Seulement ce qui lui paraissait difficile, c'était de trouver le chef capable d'une semblable expédition ; il fallait réunir dans une seule personne, instruction, dévouement, activité, courage à toute épreuve, feu sacré du voyageur, désintéressement, caractère calme et résolu, connaissance des langues orientales et des usages des peuples de l'intérieur de l'Afrique, etc., etc. Comme nous causions à l'écart dans ce moment, le Vice-Roi s'approchant de nous et entendant les dernières paroles, dit en plaisantant : « Si vous attendez un tel homme pour faire votre expédition, vous risquez beaucoup de ne pas la faire. » Je répondis que j'en connaissais un, et

*je promis au prince Halim de me mettre en
correspondance avec lui à ce sujet ; je ne voulais
pas vous nommer avant de vous consulter. J'ai
rendu compte de ce qui venait de se passer à
M. Sabatier, (1) toujours empressé à faire
réussir ce qui peut honorer son pays. Il m'a
assuré que s'il était chargé de désigner quelqu'un,
il ferait comme moi, et il ne choisirait pas
d'autre personne que vous. Dès la réception de
votre réponse, il sera heureux de donner un
corps à ces préliminaires en s'entendant avec le
Vice-Roi, en informant le gouvernement de
l'Empereur de ses bonnes dispositions et en
demandant que tous les moyens vous soient
donnés afin de faire accomplir avec profit pour
la science, une expédition aussi importante. Je
fais passer cette lettre par l'entremise de notre
savant ami M. Jomard, qui avant de terminer
son honorable carrière, verra, je l'espère, se
réaliser deux rêves de sa vie, le percement de
l'isthme de Suez et la découverte des sources du
Nil. Je le prie de communiquer ma proposition
à M. le marquis d'Escayrac, avant de vous en
faire part. Ce sera un honneur pour la Compa-*

(1) M. Sabatier était alors consul général de France au
Caire.

gnie universelle du canal de Suez de compter parmi ses fondateurs le chef de l'expédition du fleuve Blanc, car un des résultats de notre entreprise doit être de relier l'intérieur de l'Afrique à l'Europe par le Nil et la mer Rouge, et de civiliser par le commerce ses tribus et ses peuplades.

Agréez, mon cher comte, l'expression de mes sentiments d'estime et de dévouement.

Ferdinand de LESSEPS.

Une proposition qui répondait si bien à ses goûts, à ses désirs, à ses travaux antérieurs et à ses études de prédilection, fut acceptée par M. d'Escayrac avec d'autant plus d'enthousiasme, qu'aucun plan n'était arrêté par le gouvernement égyptien et qu'il était libre de fixer lui-même son itinéraire. Il se rendit aussitôt en Egypte et soumit au vice-roi Saïd-Pacha, (1)

(1) Saïd-Pacha, vice-roi d'Egypte, quatrième fils de Méhémet-Ali, naquit au Caire en 1822, d'une mère circassienne qui se consacra entièrement à son éducation. Après avoir reçu toute l'instruction que les mœurs turques comportent, le jeune prince suivit un cours d'études à l'européenne sous la direction de professeurs français. Monté sur le trône à la mort de son neveu Abbas-Pacha, le 13 juillet 1854, il se rendit à Constantinople pour recevoir l'investiture du sultan. Après avoir soutenu son suzerain pendant la guerre de

le projet qui lui paraissait le plus propice pour assurer le succès de l'entreprise.

Ce projet ayant été bien accueilli par le vice-roi et le prince Halim, M. d'Escayrac se hâta de revenir, le 20 juillet 1856, en France pour presser les préparatifs de cette grande expédition et pour demander à l'Académie des Sciences de vouloir bien lui prêter son concours. L'Académie déféra au désir du jeune explorateur déjà si honorablement connu, et à la séance du 10 novembre, il reçut des instructions qui ont été insérées au Bulletin d'octobre-novembre 1856.

Avec une puissance de travail qu'on ne saurait trop admirer, M. d'Escayrac pendant son séjour en France de juillet à novembre 1856, trouva le moyen, malgré les occupations

Crimée, Saïd-Pacha donna tous ses soins à l'amélioration de ses états. Son gouvernement fut sagement progressif, de nombreux travaux d'utilité publique furent entrepris, les écoles et les établissements scientifiques sur le modèle européen, reçurent une nouvelle impulsion, et ce prince intelligent se consacra entièrement à la grande œuvre du percement de l'isthme de Suez. Il inaugura cette mémorable entreprise par la création de la ville de Port-Saïd, sur la mer Méditerranée, avec des établissements magnifiques, un phare superbe et des travaux de toutes sortes. La mort de Saïd-Pacha, survenue au Caire le 18 janvier 1863, fut à juste titre considérée comme un grand malheur pour l'Egypte.

incessantes que lui créaient les préparatifs de son expédition, de faire paraître deux volumes : le premier, publié par la librairie Arthur Bertrand, rue Hautefeuille, 21, portait ce titre : *Mémoire sur le Soudan, géographie naturelle et politique, histoire et ethnographie, mœurs et institutions de l'empire des Fellatas, du Bornou, du Baguermi, du Waday, du Dar-Four, rédigé d'après des renseignements entièrement nouveaux et accompagné d'une esquisse du Soudan Oriental. 1 vol. in-8°, 1855-1856.* (1) Le second ouvrage était intitulé : *Expédition à la recherche des sources du Nil, 1839-1840. Journal de M. Thibaut, publié par les soins de M. le comte d'Escayrac de Lauture, 1 vol. in-8° 1856.* (2)

Au moment où M. d'Escayrac allait quitter la France, à la fin de novembre 1856, pour se rendre en Egypte, l'empereur qui, avec un bienveillant intérêt, avait entendu de la bouche même du futur commandant en chef, l'exposé du projet et du but de l'expédition aux sources

(1) Cet ouvrage était extrait du Bulletin de la Société de géographie, et avait été lu en partie par l'auteur à l'Académie des Sciences morales et politiques.

(2) Ce second ouvrage était également extrait des « Nouvelles Annales des voyages, »

du Nil Blanc, lui remettait la croix d'officier de
la Légion d'honneur pour le récompenser de
représenter si dignement la science française à
l'étranger. Malheureusement, dès son retour
au Caire, le commandant en chef de l'expédition vit avec autant de surprise que de peine,
modifier le plan qu'avait d'abord accepté
Saïd-Pacha.

M. d'Escayrac comptait s'adjoindre seulement
un très petit nombre de savants et artistes
français, avec lesquels il était sûr de mener à
bonne fin son entreprise, or des considérations
plutôt politiques que géographiques ou scientifiques, lui firent imposer une commission dite
internationale, comprenant quatorze membres
dont les noms suivent, qui appartenaient à des
nationalités bien diverses, et l'expédition fut
ainsi composée :

Commandant en chef : Comte d'Escayrac de
Lauture, officier de la Légion d'honneur,
commandement donné par Son Altesse Saïd-
Pacha, vice-roi d'Egypte.

Membres : MM. Aubaret, lieutenant de
vaisseau de la marine française, chevalier de
la Légion d'honneur ;

Mayer, ingénieur des mines, natif du Brandebourg, Prusse ;

Richard, docteur en médecine et en chirurgie, de Paris ;

Boleslansky, lieutenant au 1er de pionniers, natif de Mitrovitz, Autriche, attaché à l'Institut Impérial et Royal de géographie militaire ;

Della Sala, comte Kiniski, lieutenant au 47me d'infanterie, de Milan alors à l'Autriche, attaché à l'Institut Impérial et Royal de géographie militaire ;

Geng, de Vienne, Autriche, assistant topographe, attaché au même Institut ;

Pouchet, licencié ès sciences, de Rouen ;

Twifford, de Londres, officier de la marine royale anglaise ;

De Bar, dessinateur, de Montreuil-sur-Mer, France ;

Clague, photographe, de New-Orléans, Etats-Unis ;

Tubouelle, d'Elbeuf, France ;

Bonnefoy, français ;

Burchard, français ;

Cazandji, italien, interprète.

Le résultat de la nomination de cette commission fut, malgré tous les efforts de M. d'Escayrac, de ralentir la marche des préparatifs de l'expédition. En outre, des retards imprévus dans les envois d'Europe, des lenteurs inséparables de tout ce qui se fait en Orient, obligèrent de remettre de mois en mois la date du départ. Un séjour trop prolongé au Caire provoqua la discorde et la mésintelligence des membres de différentes nationalités, et eut le triste résultat d'aboutir à l'abandon de l'entreprise. Ce fut une profonde douleur pour M. d'Escayrac, et tous les amis des sciences géographiques apprirent cette nouvelle avec un vif regret.

Les esprits impartiaux rendirent justice aux efforts faits par le commandant en chef pour éviter la dissolution de la commission et ne le considérèrent pas comme responsable de l'échec de cette entreprise. Les lettres de M. d'Escayrac adressées du Caire, soit le 27 février 1857, aux Nouvelles Annales des voyages, soit le 28 avril à l'Académie des Sciences, soit le 9 juillet au rédacteur du Journal la Presse, détruisent de fond en comble quelques insinuations jalouses et malveillantes venues de l'étranger (1), et forment des documents importants pour servir à l'histoire de cette expédition projetée aux sources du Nil Blanc.

Malgré la dissolution de la Commission internationale, M. d'Escayrac resta encore plusieurs mois en Egypte, s'occupant principalement de compléter ses vocabulaires des diverses langues du cœur de l'Afrique. Toujours prêt à apporter son concours au développement des conquêtes géographiques dans le continent noir, il se mit en rapport avec le docteur Cuny, depuis longtemps établi dans la Haute-Egypte, qui ayant effectué heureusement un premier voyage dans le Dar-Four, avait formé le projet de visiter le Cordofan et le Waday. M. d'Escayrac ne se contenta pas d'encourager le docteur Cuny (2)

(1) Il serait trop long d'entrer dans le détail de cette polémique, qui, du reste ne dépassa jamais une juste mesure, et dont la presse de Londres fit surtout les frais. Les Anglais étaient mécontents de voir l'influence de la France dominer en Egypte, et ils ne pouvaient prendre leur parti que deux Français, MM. Ferdinand de Lesseps et Linant-bey, fussent à la tête de l'entreprise du percement de l'isthme de Suez.

(2) Le docteur Cuny venait de publier dans les Nouvelles

dans sa résolution, il lui remit avec empressement ses notes personnelles ainsi que des instructions pour pénétrer dans le bassin supérieur du Nil Blanc, qu'il avait depuis longtemps préparées avec toute l'autorité que lui donnaient ses études et ses travaux antérieurs et dont il comptait faire usage lui-même un moment ou l'autre. De plus, il employa son crédit auprès du gouvernement égyptien pour faciliter à ce hardi explorateur les moyens matériels d'accomplir son voyage.

____

Annales des voyages, une étude remarquée sous le titre : « Observations générales sur le Mémoire sur le Soudan de M. le comte d'Escayrac de Lauture, » et cette publication avait resserré les liens sympathiques qui unissaient les deux voyageurs.

CHAPITRE V

M. d'Escayrac en France, Analyse de l'ouvrage :
De la Turquie et des Etats musulmans en général.

Cédant aux pressantes instances de sa famille et de ses amis, M. d'Escayrac quitta l'Egypte et revint en France au mois de février 1858. Il fit alors à Paris ou dans le Quercy, au château de Lauture berceau de ses ancêtres, son plus long séjour depuis son départ avec l'amiral Romain-Desfossés. Dans toute la force de l'âge, grand, bel homme, le front découvert, le teint bruni par le soleil d'Afrique, l'œil vif et plein de feu, portant toute la barbe noire, son aspect très énergique, son extérieur distingué, agréable, sympathique charmaient tout d'abord ; sa franchise absolue, sa loyauté à toute épreuve, sa politesse exquise, ses manières affables lui assuraient l'estime et l'affection de tous ceux qu'il approchait.

Causeur aimable, s'exprimant avec élégance et facilité, c'était un parfait homme du monde, membre du Jockey Club, où il était très apprécié. Mais ses relations mondaines ne lui faisaient pas négliger ses études de prédilection, et il publiait chez Amyot, libraire-éditeur, rue de la Paix, 8, à Paris, un volume de 184 pages in-8°, sous le titre : *De la Turquie et des Etats musulmans en général,* (1) dont voici une rapide analyse.

Dans un court avant-propos, M. d'Escayrac fait connaître les causes qui lui ont inspiré les considérations qu'il développe dans douze

(1) « J'ai parcouru et étudié l'Orient pendant plusieurs années, dit M. d'Escayrac, parlant les idiomes et vivant de la vie de ses peuples. En 1853, j'avais préparé un travail sur la Turquie, j'y fis même allusion dans la préface d'un autre ouvrage. Ce travail était, à peu de chose près, celui dont je présente ici quelques pages. Mon jugement n'était pas favorable : les événements dont l'Orient devint alors le théâtre me firent un devoir de garder quelque temps le silence. Les circonstances ne sont plus les mêmes et la publication de mes idées peut être utile aujourd'hui. Je n'ai ni ne puis avoir contre les Turcs aucun sentiment personnel de haine ou de malveillance. »

chapitres nourris de faits. « L'objet de tous mes travaux, déclare-t-il avec énergie, objet toujours présent à ma pensée, c'est l'anéantissement de la barbarie et l'extension civilisatrice de l'Europe, jusqu'à ce que le monde entier soit devenu son domaine : *Donec totum impleat orbem.* »

Le premier chapitre est consacré aux Arabes, il traite des races intermédiaires, de la civilisation instinctive, de la civilisation arabe, de la littérature orientale et des Israélites. M. d'Escayrac fait ressortir que le plus grand titre que les Arabes possèdent à l'attention de l'histoire, c'est leur immense extension : de bonne heure ils eurent une armée régulière, imitée de celle des Grecs, très inférieure à ce que fut plus tard celle des Turcs : leurs conquêtes les portèrent jusqu'à l'extrémité de l'Europe, leur misère les dissémina sur toute l'Afrique, et la mer des Indes fut le théâtre de leur commerce. Vasco de Gama les y rencontra partout, ils tiennent encore Zanzibar, fréquentent aussi Bombay, Madagascar et Java. Le pèlerinage de la Mecque les met en rapport avec beaucoup de peuples, et dans les pays où l'islamisme est de date récente, ils jouissent d'une considération et de privilèges qui les y retiennent.

Le second chapitre s'occupe de l'Islam, étudie le Coran, (1) le dogmatisme, la loi de succession, la théocratie universelle, la loi pénale et la loi économique. Le chapitre troisième analyse le principe d'autorité chez les Turcs, expose leur grandeur et leur décadence, le rôle des princes et des visirs, puis énumère les réformes les plus nécessaires.

Le chapitre quatrième s'occupe de l'administration, de la magistrature, des commis, des pachas et insiste sur les concussions et les crimes nombreux. M. d'Escayrac cite comme exemple de la vénalité des juges, le fait suivant : « Dans une ville de plus de cent mille

(1) Le Coran, ses interprétations, les gloses des docteurs des premiers siècles de l'hégyre et surtout d'Abou-Hanifa, les arrêts et les décisions des anciens juges sont à la fois toute la religion, toute la politique et toute la loi. On en fit, sous Soliman le Législateur, un code assez complet, dont les muftis sont les interprètes généraux, et que le gouvernement et les juges appliquent aux cas particuliers. Les musulmans ont pour le Coran l'admiration la plus passionnée ; ce livre s'est proclamé inimitable, et ils pensent qu'on ne peut l'imiter : parole de Dieu, il est contemporain de la pensée et de l'existence même de Dieu, c'est-à-dire éternel. Il a été révélé en un certain temps à un certain prophète, mais il est incréé comme Dieu.

âmes, le voisin d'un Turc de mes amis établit une cheminée qui gênait celui-ci ; mon ami s'adressa au cadi ; le cadi reçut 75 francs du voisin et lui donna raison ; mon ami ne se tint pas pour battu, il fit tenir 125 francs au cadi ; ce cadi, mollah très important, dont la place valait au moins 150,000 francs par an, n'hésita pas à se déranger ; il vint examiner l'objet de la contestation, et sa décision fut changée. J'étais présent, et je me rappellerai toujours la scène bizarre dont je fus témoin. Comme le cadi sortait, le voisin auquel il n'avait pas rendu son argent, en proie à une vive colère, l'apostropha et lui demanda ses 75 francs ; personne ne fit mine de l'entendre ; les gens de la suite du cadi l'écartèrent, et en passant devant lui avec une lenteur majestueuse, le juge lui jeta un regard où se peignait le mépris le plus profond. »

Le chapitre cinquième fait à propos des finances l'examen du budget, et constate la pauvreté de l'Etat par suite du pillage administratif. En 1858, M. d'Escayrac écrit : « Le revenu de la Turquie est extrêmement faible, il ne dépasse pas 160 millions, c'est-à-dire le quart de celui de l'Espagne ; si même l'on tient compte du rapport de ces revenus aux populations des deux pays, on reconnaîtra que l'Espagne est huit fois plus riche que la Turquie. »

Le chapitre sixième rappelle la grandeur passée de l'armée turque, opposée au système alors en vigueur imitation maladroite de l'Occident, et s'occupe du recrutement des officiers, des soldats et de la marine. Le chapitre septième énumère les races diverses qui forment le peuple, les Grecs, les Juifs, les Egyptiens, les Turcs et s'appesantit sur leurs vices. (1) Le chapitre huitième insiste sur la résistance de la vieille Turquie, des derviches,

(1) On se demandera, rapporte M. d'Escayrac, pourquoi les peuples arabes, égyptiens, barbaresques et turcs se sont pliés à ce despotisme que Montesquieu connut si bien, et dont il place en Orient la patrie ; la raison en est celle que donne Montesquieu : ce grand philosophe a mieux jugé l'Orient de son château de la Brède que la plupart de ceux qui le parcourent et n'arrivent pas toujours à le comprendre ; il a pu se tromper sur quelques infimes détails, et des critiques obscurs ont pu lui reprocher ces minces erreurs ; mais il a possédé ce privilège qu'a le génie, de voir au fond des choses, et d'apercevoir les causes à travers les effets. L'Orient, comme il l'a dit, a subi le despotisme parce que ses peuples manquent de cette intelligence hardie, et de cette activité qui caractérisent les races supérieures, et qui désignent les races européennes pour commander à toutes les autres.

des faux musulmans, d'où résulte l'anarchie et la trahison. « On voit se promener dans les villes, assure M. d'Escayrac, des hommes qui ont commis jusqu'à trente meurtres ; je demandais à un de ces hommes qui me servait de guide, s'il ne craignait point d'être livré pendant son sommeil : Non, me dit-il, j'ai les miens qui me vengeraient, c'est pour leur injure que j'ai versé tant de sang, ma tête vaut la centaine, qui voudrait s'exposer à ce talion. »

Le chapitre neuf est consacré aux idées de réforme, au droit des gens, aux concessions faites, au kharadj et aux écoles. M. d'Escayrac ne croit pas au relèvement des Orientaux. Dès qu'on a soulevé, d'après lui, le mince vernis sous lequel elle se cache, on retrouve la Turquie telle que nous l'ont dépeinte les voyageurs du XVIIIème siècle. Le gouvernement n'en est pas plus sage, il est devenu seulement plus pauvre et plus faible ; la corruption, la vénalité, les concussions sont les mêmes ; le peuple est aussi misérable, aussi ignare, aussi imbu de préjugés qu'il y a un siècle. Quelques pachas ont changé d'habit, mais les Turcs n'ont ni fait de routes, ni soumis les provinces alternativement rebelles, ni détruit le brigandage. Ils ne sont devenus ni plus intelligents, ni plus moraux, ni plus actifs ; l'industrie du pays a diminué ; son commerce est tombé dans des mains étrangères ; sa politique, ses lois, sa religion souffrent les tiraillements de toutes les puissances ; l'agonie a commencé, mais rien n'annonce un retour à la vie. La Turquie meurt, elle ne change pas.

Le chapitre dix signale les artifices de la Turquie (1) par rapport à l'administration et à la justice, et l'idée qu'elle se fait de l'Europe. La plupart des Orientaux, assure encore en 1858, M. d'Escayrac, se représentent l'Europe comme partagée entre quelques krals ou roitelets tributaires de leur padischah, qui les nomme ou les dépose ; il envoie quelques-uns de ses esclaves régner sur la France, l'Angle-

(1) J'ai souvent eu l'occasion, dit M. d'Escayrac, de constater la triste renommée que possèdent les Turcs dans le Soudan : la blancheur de mon visage, les Egyptiens qui me suivaient, les vêtements et les armes que nous portions me faisaient prendre par les Noubas et les gens du Sennar, pour un Turc en voyage : du plus loin qu'ils m'apercevaient ils couraient donner l'alarme à leur village, et je voyais bientôt la population tout entière s'enfuir à mon approche, en criant dans son dialecte : Turkawi ! Turkawi ! voilà le Turc ! voilà le Turc ! »

terre ou la Russie. En 1828, un célébre poète turc voulait faire tenir au sultan Mahmoud une ode en faveur de la paix. Il la remit au chef des eunuques noirs, l'un des grands dignitaires de l'empire ; celui-ci lut les vers, et les rendant à leur auteur : « Il ne faut point remettre cela, lui dit-il, le sultan en serait plus irrité et déposerait peut-être le kral des Russes. »

Le chapitre onze sous le titre de l'Occupation, envisage la mort de la Turquie, les héritiers et l'héritage. M. d'Escayrac croyait à la ruine définitive et très prochaine de l'empire Ottoman, car la Turquie, écrivait-il, n'a point d'unité, point de police, point d'argent, elle n'a ni de bonnes lois, ni de sages législateurs, elle s'agite entre son impuissance, la rébellion de ses peuples, les menaces de la Russie, les justes exigences de toute l'Europe.

Le chapitre douzième et dernier, intitulé la Substitution, s'occupe des immigrants, des colonies européennes en Orient, des droits des Européens, de leur avenir et de celui de l'islamisme. M. d'Escayrac fait bien ressortir que la Turquie ne subsiste qu'en vertu de la rivalité des grandes puissances. Ces puissances craignent tellement de voir ébranler l'équilibre de l'Europe à leur détriment, qu'elles paraissent même avoir voulu en décrétant l'intégrité de l'Empire turc, enlever à ceux qui l'administrent le droit d'en vendre ou d'en céder eux-mêmes une partie.

De cette complète et consciencieuse étude, M. d'Escayrac tire la conclusion suivante : « Les Turcs ne progressent pas plus que les Arabes. La barbarie et la ruine de contrées voisines de nous sont pour toute l'Europe un obstacle et un péril. Les émigrants européens, en raison de leur activité et de leur aptitude plus grandes, se substituent partout en Orient aux Turcs et aux Arabes. (1) De toutes les solutions que la question d'Orient pourrait recevoir, la création d'un empire grec serait la moins mauvaise. La Grèce se développe au grand effroi de la

(1) L'histoire et l'expérience de tous les jours nous apprennent que quand deux races inégales par leur activité, leur aptitude et leurs lumières se trouvent en présence, l'abîme qui les sépare se creuse de plus en plus par l'inégalité de leurs progrès. Les civilisés sont plus riches que les barbares et le deviennent de plus en plus ; ils accaparent peu à peu tout le commerce, toutes les industries, toutes les terres ; l'accroissement de la fortune publique, résultat de leur travail, élève le prix de toutes les denrées ; les barbares, devenus de plus en plus pauvres, sont réduits à servir ou à disparaître.

Turquie, malgré les entraves dont on l'environne. Autour de ce petit territoire que des mains avares dans leur bienfaisance lui ont mesuré, on voit s'agiter et comme graviter les populations grecques ou slaves presque toutes orthodoxes. Le Monténégro défend sa liberté, l'Epire et Candie cherchent à conquérir la leur. La politique expectative de l'Europe en Orient ne peut être sage et féconde qu'à la condition de favoriser de tout son pouvoir, d'une part, le développement de la Grèce, de l'autre, l'établissement des Européens dans le Levant. »

Pendant son séjour à Paris, M. d'Escayrac ne cessait de se montrer un des membres les plus actifs et les plus zélés des Sociétés scientifiques dont il faisait partie. Attiré par son amitié pour M. Jomard, il suivait surtout avec assiduité les travaux de la Société de géographie, ayant toujours à présenter quelques intéressantes communications soit écrites, soit verbales. C'est ainsi qu'à la séance générale du 8 avril 1859, il lisait une notice importante sur le voyage entrepris grâce à ses encouragements, par le docteur Cuny dans le Darfour et les régions peu connues du Soudan. A la séance du 18 novembre de la commission centrale, il offrait à la Société de géographie pour être publié dans le recueil de ses mémoires, le résultat de ses travaux de linguistique au Caire, où il s'occupait du langage de peuplades (1) alors très peu connues.

Cet ouvrage fut imprimé sous le titre de : *Essais de philologie, discours sur la phonologie et la transcription des langues, discours sur l'origine du langage, examen grammatical des langues Huoulati, Balébèli, Kanouri, Fourienne, Galla et Nubienne. Vocabulaires des langues Huoulati, Balébèli, Kanouri, Fourienne, Galla, Dongolawi, Kensi, Tibou, Waratta, Baguermienne, Boudouma et du dialecte Arabe du Soudan.*

La même année 1859, M. d'Escayrac cédant

(1) Le voyageur qui partant du Caire se dirige vers le Sud en remontant le Nil, traverse successivement le Saïd, la Nubie, le Sennar et à mesure qu'il se rapproche de l'équateur voit changer autour de lui le tableau des créations de la nature. Par une dégradation insensible il voit l'Egyptien aborigène, le Copte, se rattacher à l'Ethiopien crépu. L'habitant de la Haute-Egypte, le Nubien déjà noir, le Sennarais dont la tête est encore régulière et belle, forment les anneaux d'une chaîne qui n'est brisée nulle part et le voyageur sera souvent embarrassé de dire où commencent les noirs et où finissent les blancs. Les Noubas peuvent être

aux pressantes sollicitations des électeurs de Tarn-et-Garonne, qui le considéraient par suite de ses relations de famille comme un compatriote et qui étaient fiers à juste titre de son renom scientifique si légitimement acquis, accepta le mandat de membre du Conseil général de ce département pour le canton de Molières, et sans se détourner de ses travaux de prédilection, il sut consacrer d'utiles heures à l'étude des affaires publiques. Son naturel obligeant le portait à venir en aide à tous ceux qui s'adressaient à lui, mais on ne peut même discrètement citer ses nombreux actes de bienfaisance, il a désiré avant sa mort qu'il n'en soit pas parlé.

---

considérés comme l'anneau intermédiaire qui rattache la famille nubienne aux peuplades du Soudan équatorial. Leur physionomie ne manque pas d'intelligence, elle exprime une grande douceur ; leurs traits assez réguliers présentent le plus grand rapport avec ceux des Sennarais, des Fouriens, des gens du Waday et du Bornou dont l'état social est à peu près le même. Le front commence à se rétrécir ; l'occiput s'allonge un peu ; le nez et les lèvres diffèrent peu de ceux des Nubiens ; les cheveux sont frisés sans être crépus ; la barbe n'est pas plus clair-semée que celle des Arabes ; la couleur de la peau, enfin, est celle du bronze florentin.

CHAPITRE VI

M. d'Escayrac prend part à l'expédition de Chine.

« Je sais ce que c'est que la guerre, écrit M. d'Escayrac dans un de ses ouvrages, je l'ai suivie un peu partout : dans le Soudan et en Syrie, à Rome et en Lombardie. » En effet, toujours désireux de s'instruire et ne reculant devant aucune fatigue, il a suivi plusieurs campagnes, connaissant ou le général en chef, ou des généraux et des officiers, qui le plus souvent lui offraient l'hospitalité et lui donnaient toutes les facilités nécessaires pour se rendre bien compte des sièges et des combats. C'est ainsi qu'ayant assisté en 1849 au siège de Rome, (1) il revint en Italie, dix ans plus tard, au mois de mai 1859, pour suivre les opérations de l'armée française en Lombardie. Après la bataille de Magenta, il entra dans Milan à la suite des vainqueurs, et là, il eut le plaisir de rencontrer son jeune frère, qui comme capitaine prenait part à la campagne. M. d'Escayrac assista à la grande bataille de Solferino, (2) et lorsque la suspension d'armes de Villafranca fut signée le 8 juillet 1859, il revint en France.

Sur ces entrefaites, les difficultés que la France et l'Angleterre agissant de concert en Chine, éprouvaient du gouvernement chinois, n'avaient fait que s'accroître. Les plénipotentiaires, remontant de Tien-tsin vers Pékin où ils devaient être reçus par l'empereur Hien-Foung, trouvèrent le Pei-ho barré par une triple estacade. A cette nouvelle, une

(1) Le siège de Rome, conduit par les généraux Oudinot et Vaillant, commencé le 3 juin après l'échec des négociations de M. de Lesseps, se termina le 3 juillet 1849 par l'occupation de la ville par les Français.

(2) La grande bataille de Solferino, livrée le 24 juin 1859 dans un espace de cinq lieues, dura de quatre heures du matin à huit heures du soir par une chaleur étouffante et malgré un violent orage. Cette victoire donna aux Français 3 drapeaux, 30 canons et 6000 prisonniers.

expédition franco-ang'aise fut décidée en novembre 1859, et le gouvernement français songea à profiter de cette intervention militaire pour adjoindre aux troupes, (1) ainsi que l'avait fait Bonaparte en Egypte, une mission scientifique. Parmi ceux qui pouvaient utilement en faire partie, M. d'Escayrac était tout désigné au choix du gouvernement, et à la fin de décembre 1859, il reçut de l'empereur l'ordre de partir pour l'Extrême Orient avec des instructions personnelles.

Ce fut avec joie qu'à la séance du 3 janvier 1860, M. d'Escayrac annonça à la commission centrale de la Société de géographie la distinction flatteuse dont il venait d'être l'objet, et la satisfaction qu'il éprouvait éclate dans les lignes suivantes par lesquelles il commençait plus tard ses *Mémoires sur la Chine*. Il dit : « L'empereur avait bien voulu m'adjoindre, en me chargeant de quelques recherches, à l'ex-

(1) Le corps expéditionnaire était fort de 8,000 Français sous le commandement du général de Montauban et de 12,000 Anglais sous les ordres de l'amiral Hope et du général Grant. L'armée anglaise était digne de marcher à côté de la nôtre, elle se composait de beaux et braves régiments parmi lesquels on remarquait les King's-dragoons et la cavalerie sikhe de Probyn et de Fane. En réalité, 20.000 Européens allaient engager la lutte avec 500.000.000 de Chinois.

pédition à la fois militaire et diplomatique qui devait se terminer à Pékin. Rien ne pouvait plus me satisfaire que ce voyage qui allait me transporter en dehors de l'horizon borné de notre petit monde et de nos petites connaissances. J'y étais préparé non par des études spéciales, mais par des pérégrinations diverses et la fréquentation intime de bien des peuples. J'avais visité l'Europe civilisée, l'Afrique et l'Orient barbare. J'y avais même passé des années, vivant de la vie des Asiatiques, apprenant leurs langues, (1) leurs religions, leur histoire et leurs lois. J'avais à cela perdu, je le crois aujourd'hui, mes peines et mon temps ; la barbarie ne vaut pas les heures que l'on passe à l'étudier. Il n'y a d'Egypte intéressante que celle qu'Hérodote visita ; et

(1) « J'ai souvent entendu parler, écrit M. d'Escayrac, de la difficulté qu'éprouvaient les Chinois à apprendre à lire ; cela ne doit s'entendre que de leurs caractères idéographiques qui constituent un système fort ingénieux, et ne représentant point des sons, mais des idées, sont comme une langue universelle offerte à tous les peuples. Mais le vulgaire des Chinois emploie une écriture syllabique très facile à apprendre ; aussi les plus misérables d'entre les Chinois lisent-ils et écrivent-ils presque tous, non des ouvrages de haute portée, mais des chansons, des anecdotes, des lettres et des comptes, en un mot ce qui leur est utile ou agréable. »

si quelque chose de pareil existe aujourd'hui dans le monde, c'est en Chine qu'il faut le chercher, car la Chine est à cette Egypte ce que notre Europe est à la Grèce. »

Investi de la mission scientifique qu'il tenait de la confiance et de l'amitié de l'empereur Napoléon III, M. d'Escayrac se hâta (1) de rejoindre le corps expéditionnaire français qu'il dépeint en ces termes : « La campagne de Chine fut courte et brillante, nous avions une bien petite armée, mais chacun de ses soldats, toujours prêts et toujours gais, était un

(1) « Aujourd'hui que la vapeur a condensé le monde autour du centre européen, écrit M. d'Escayrac, la Chine n'est pas plus loin de Paris que l'Egypte ne l'était d'Athènes au temps d'Hérodote. On peut lire dans les « Lettres édifiantes » une réponse du père Dollières à une lettre de son frère, qui, datée du 29 décembre 1776, était arrivée en Chine le 4 novembre 1779 ; la réponse est du 15 octobre 1780 : la lettre de son frère, succédant à vingt-deux ans de silence, annonçait au missionnaire la mort de presque tous ses parents. Une année après sa réponse, un de ses confrères annonçait de même à ce frère la mort du père Dollières. Les dates et le ton de ces lettres ont quelque chose qui serre le cœur. Combien ce temps différait du nôtre, et qu'il nous faut peu de zèle et peu de courage pour suivre le chemin facile qui fut un si rude sentier ! Quarante jours nous suffisent pour atteindre la Chine : en quarante-quatre jours, nous sommes à Chang-haï sur d'excellents bateaux, réguliers dans leur service comme les trains d'un chemin de fer. Bientôt même ce service sera plus rapide. »

volontaire accouru au premier appel et choisi parmi beaucoup d'autres.

On voyait fleurir dans cette armée une discipline que je veux louer parce qu'il y a des gens qu'elle étonne ; cette discipline qui n'use pas plus du cachot que du bâton, fondée sur la fraternité d'armes et de sentiments des chefs et des soldats, la noble solidarité des camps, le commandement léger, l'obéissance instinctive, le sacrifice volontaire. Il n'y a point deux classes d'hommes, l'une s'étayant seulement pour commander de quelque petit privilège ou de quelque petite science, l'autre née pour servir et pour mourir obscure : il n'y a qu'un seul soldat, gentilhomme ou paysan, noble par son habit, noble par les sentiments qui l'animent. » (1)

La flotte anglo-française entra à la fin de juillet 1860, dans le golfe de Petchili, comblé presque par les vases du fleuve Jaune qui s'y

(1) C'est à ce passage aux idées si élevées et si justes, que M. d'Escayrac ajoute en note : « Avant la Révolution, la noblesse envahissait de plus en plus les emplois peu nombreux de l'armée ; elle n'en reçut toutefois le monopole que par la loi du 22 mai 1781. Mon grand-père fut un de ceux qui protestèrent avec le plus de force contre cette loi, qui, venue plus tôt, eût privé la France des services de Fabert et de Duguay-Trouin. »

jetait jadis. Les côtes basses ne présentaient
que très loin de la terre le fond nécessaire aux
gros navires mouillés à douze milles de l'embouchure du Pei-ho et de celle du Peh-tang-
ho. Le 1ᵉʳ août, les troupes débarquèrent entre
ces deux points, à peu de distance du second,
dans une boue épaisse et profonde que les
soldats appelaient en plaisantant le cinquième
élément, et qui fut la couche de leur première
nuit en Chine. Le lendemain matin, ils entrè-
rent en suivant une chaussée, dans la ville de
Pei-tan (1) évacuée par les Chinois pendant
la nuit.

Dès les premiers moments, M. d'Escayrac
put obtenir des habitants sans la moindre
contrainte et dans une conversation presque
amicale, d'importantes informations qu'il trans-
mit à l'état-major français, et qui étaient
relatives aux forts et aux villages du Pei-ho,
à la route qu'on pouvait suivre pour y arriver,
enfin aux chemins qui menaient à Tien-tsin.
Dans ces entretiens il constata que la masse de
la population chinoise ne demandait pas mieux

(1) Il existe un magnifique album photographique de la
campagne de Chine publié par M. Beato, attaché à l'armée
anglaise comme photographe. La vue de Pei-tan y présente
un développement de deux mètres.

que de se tenir en dehors des hostilités et que pour elle la guerre n'était rien moins que nationale. (1)

Après une première reconnaissance, là petite armée européenne sortit de son bourbier, les retranchements qui couvraient le village de Sin-ho, furent enlevés et les troupes campèrent établies sur ce point. Une action brillante rendit ensuite les Français maîtres du camp retranché de Tang-kou. Le 21 août, les forts près de Si-kou furent emportés d'assaut et la garnison de l'un d'eux faite prisonnière fut immédiatement remise en liberté, grâce aux conseils donnés à l'état-major par M. d'Escay-

(1) « Le patriotisme chinois n'existe pas, affirme M. d'Escayrac, et il est facile de s'en rendre compte même sans connaître la Chine Le patriotisme est en raison inverse de l'étendue des empires et en raison directe de la liberté dont jouissent les citoyens et de la part qu'ils prennent aux affaires politiques. En Chine, un peuple immense subit plus ou moins une même tyrannie. Il ne s'est pas groupé librement ; des étrangers sortis d'une région barbare sont devenus ses maîtres, il croit à l'empire comme les sujets de Néron pouvaient y croire. — M. d'Escayrac combat aussi l'idée d'un fanatisme religieux chinois : tout lien religieux, rapporte-t-il, manquait à la Chine indifférente à tout cela. Le christianisme est à ses yeux aussi bon que le boudhisme ; elle se refuse seulement à reconnaître qu'il soit meilleur. Le christianisme a été persécuté en Chine comme association politique patronnée par l'Europe, il ne l'a jamais été à titre de foi religieuse. »

rac, qui comptait que cette mesure généreuse produirait un excellent effet sur l'esprit des Asiatiques. (1)

L'armée se mit en marche sur Tien-tsin par la rive gauche du Pei-ho, M. d'Escayrac suivit la rive droite qui offrait une route plus agréable. Le pays était plat, mais le sol, la végétation, le ciel pur, tout lui rappelait les riches plaines de la Lombardie. Le sorgho, employé à la fabrication des alcools de Tien-tsin, couvrait de vastes espaces, et à chaque instant se rencontraient de gros villages entourés de jardins et d'arbres, peuplés de gens laborieux, propres et polis. Les municipalités s'empressaient de fournir au voyageur français tout ce dont il avait besoin comme logement et comme vivres. Le compte des provisions lui était sur sa demande apporté au départ, et ce compte représentait exactement la valeur des objets livrés, comme il lui fut facile de s'en assurer. (2)

(1) « J'ai lieu de croire, dit M. d'Escayrac, que cet acte généreux fit sur la population de Tien-tsin une impression profonde, et s'opposa peut-être à un soulèvement qui eût compromis nos opérations dans le Nord. »

(2) Du reste, M. d'Escayrac reconnait que, sauf dans quelques boutiques de curiosités à l'usage des étrangers, il

Dans presque tous les grands bourgs chinois, se trouvaient des musulmans dont M. d'Escayrac visitait les mosquées et avec lesquels il avait d'intéressants entretiens. Ces musulmans étaient dans le ravissement de voir un européen connaissant la langue arabe et leurs livres sacrés ; le monothéisme les rapprochait extrêmement de ce savant français qui au bout du monde se voyait en pays de connaissance, on pourrait presque dire au milieu d'amis. Malheureusement ce voyage commencé sous d'aussi heureux auspices devait avoir un tragique dénouement.

Le 26 août, Tien-tsin (1) s'ouvrit devant l'armée française, M. d'Escayrac y entra lui-même avant l'occupation militaire et ne rencontra ni visages hostiles, ni malveillance

a rencontré en Chine pour les transactions ordinaires autant de loyauté qu'on en peut trouver en France ou en Angleterre. Sa dépense, vivant d'ailleurs dans une extrême abondance et sans chercher l'économie, ne s'élevait par jour qu'à un quart de piastre par homme ou par bête de somme, ce qui représentait une quarantaine de francs pour sa petite smala.

(1) Tien-tsin et ses faubourgs couvrent environ 500 hectares et peuvent compter de 120.000 à 150.000 habitants. Cette ville est le centre de l'administration des fermes du sel, qui versent au trésor 30 millions de francs chaque année, d'après l'annuaire impérial chinois.

déguisée, ni méfiance, ni réserve. Une habitation très convenable fut mise à sa disposition, ainsi qu'une dizaine de serviteurs qu'il rétribua honorablement et qui le servirent avec zèle et fidélité. Tout à coup le 7 septembre, les négociations engagées furent rompues ; au moment où tout paraissait terminé, le plénipotentiaire chinois se trouva n'avoir plus les pleins pouvoirs nécessaires, c'était, au fond, l'arrivée de contingents barbares de la Mandchourie (1) qui rendait l'audace au gouvernement du Céleste empire.

L'armée quitta alors Tien-tsin, le 10 septembre, pour marcher sur Pékin, mais on conservait encore l'espoir de traiter à moitié route de la capitale. A Kosi-vou, où les troupes passèrent trois jours du 13 au 17 septembre, les négociations parurent se

(1) Le gouvernement chinois ne s'était pas pressé d'appeler tous les contingents tartares, parce que le service dû par eux était féodal et limité dans sa durée ; qu'il fallait que les maigres récoltes de la Mongolie fussent, en partie du moins, ramassées ; qu'enfin la présence de ces étrangers à demi sauvages était un fléau pour les populations chinoises, et que la dyssenterie amenée par les chaleurs et la mauvaise nourriture, l'usage du sorgho, par exemple, décimait déjà les hommes et les chevaux appelés à la défense du bas du fleuve et ramenés au-delà de Tien-tsin.

renouer, mais on fut vite convaincu de la duplicité (1) des Chinois et la petite armée se remit en marche. En partant de Kosi-vou, le 17 septembre, sur les quatre heures du matin, M. d'Escayrac se proposait de marcher avec l'état-major français, mais apprenant que M. Parkes, premier interprète de l'ambassade anglaise, et quelques cavaliers sikhs étaient déjà en marche, il n'hésita point à devancer les troupes françaises avec ses domestiques et tous ses bagages.

Chemin faisant, M. d'Escayrac rencontra un groupe composé de M. de Bastard et d'un interprète portant aux Chinois des propositions nouvelles, du capitaine Chanoine allant reconnaître l'emplacement d'un camp, du colonel Grandchamps, de l'intendant Dubut et du père Duluc, interprète du général en

(1) « En arrivant à l'une des étapes qui précédaient Kosi-vou, raconte M. d'Escayrac, j'avais fait rencontre d'un wey-wey, ou sous-officier chinois, qui venait de porter aux ambassadeurs quelque document, et me montra un laisser-passer que je ne lui demandais pas. Nous échangeâmes quelques mots ; il prit du thé avec mes domestiques et s'assit sur le pas de ma porte pendant que les troupes faisaient leur entrée dans le village. Il s'en alla quand elles furent passées et c'est alors seulement que l'idée me vint que sa véritable mission était de nous compter, et qu'il venait de le faire à ma barbe. »

chef. (1) M. d'Escayrac se rendait à Ma-tao, eux allaient à Toum-tmeou, pour son malheur, il se détourna de sa route et les suivit. Arrivé à quelque distance de Toum-tmeou, son convoi l'ayant retardé un certain temps, ses compagnons de route le devancèrent. A trois kilomètres de la ville, il laissa son escorte pour aller avec son lettré se procurer un logement. Ayant bientôt trouvé ce qu'il lui fallait, il ne se préoccupa pas dans la journée de retrouver ses compagnons de route, il était d'ailleurs assez fatigué, ayant été récemment malade, et il se borna pour passer la soirée à une courte promenade dans les rues. La population paraissait très désireuse de voir un étranger, son attitude n'était pas très bien-veillante, cependant elle était loin de faire redouter une catastrophe prochaine.

Le lendemain 18 septembre, sur les onze heures et demie, M. d'Escayrac après avoir déjeuné tranquillement, sortit seul pour se promener dans la ville. Il pensait retrouver ses

(1) Soixante officiers, diplomates, employés ou soldats européens et sikhs, précédaient à ce moment les deux armées, envoyés par les ambassadeurs ou les généraux. Quatorze Français et vingt-six Anglais furent pris, huit Français périrent ainsi que treize Anglais.

compagnons de route (1) de la veille et
rencontrer les troupes françaises qui devaient
arriver dans la matinée. Au bout de quelques
instants, il fut très surpris de n'apercevoir
aucun européen dans les rues qu'il traversait,
et à une distance d'environ deux kilomètres,
il voulut regagner son logement, mais à peine
avait-il fait quelques pas dans cette direction
nouvelle qu'il entendit derrière lui un grand
tumulte et de grands cris. Une foule nombreuse
le suivait depuis quelque temps, il s'arrêta, fit
face à ceux qui commençaient à pousser des
cris de mort, et les menaça en chinois de la
vengeance des Français. (2)

Alors une multitude furieuse sortie des
maisons, des boutiques et des pagodes, entoura

(1) M. d'Escayrac sut plus tard qu'une sorte de banquet avait été offert la veille au soir aux Européens par les diplomates chinois, qui ne l'ayant pas sous les yeux, ne l'avaient pas invité.

(2) « Ceux qui n'ont point vécu parmi les Asiatiques reprocheront peut-être aux ambassadeurs de s'être laissé surprendre, dit M. d'Escayrac. Ils ne savent pas combien il est difficile de n'être pas trompé. Là où la trahison est toujours probable, la surveillance finit par s'endormir. Deviner la trahison est d'ailleurs peu de chose : ce qu'il faut connaître, c'est l'heure précise qui la verra se prononcer. La preuve la meilleure que j'en puisse donner, c'est que je soupçonnais tout et que je me suis laissé prendre. »

M. d'Escayrac de tous côtés. Tenant tête aux plus avancés et frappant de sa canne ceux qui se jetaient sur lui, il poussa d'une voix forte les cris de : *France !.... France !.... A moi !... Trahison !....* Une clameur immense étouffa sa voix, et saisi par cent mains, lancé à terre, foulé aux pieds, il crut sa dernière heure arrivée, il voyait, sans pouvoir faire un mouvement, les plus enragés des Chinois courir les uns chez les barbiers, les autres chez les bouchers pour se procurer des instruments de mort. Tout à coup il se sentit relevé, la foule, grondant toujours, avait livré passage à un mandarin à bouton de cristal, qui le prit par le bras et contenant les plus furieux, le conduisit chez le magistrat de la ville.

CHAPITRE VII

Captivité de M. d'Escayrac.

Arrivé au ya-mon ou maison de ville, M. d'Escayrac fut introduit dans une cour où des soldats l'entourèrent et le saisirent par les manches du petit burnous blanc qu'il portait. Il n'y resta pas longtemps et fut conduit, toujours suivi par un peuple braillard qui réclamait sa mort à grands cris, dans un petit temple peu éloigné où il s'assit dans un coin gardé par une vingtaine de soldats, sa position était toujours mauvaise, mais il conservait l'espoir d'en sortir bientôt.

Vers les deux heures de l'après-midi, un

mandarin précédé d'une quinzaine de soldats entra dans la cour, il salua le prisonnier avec une certaine déférence et s'entretint un instant avec lui. *(1)* M. d'Escayrac était en pleine confiance, quand tout d'un coup, sur un signal du mandarin, il fut à la fois saisi par les épaules, par les bras, par les jambes et jeté violemment la face contre terre. Les soldats lui lièrent alors les mains et les pieds derrière le dos, en les rejoignant par une corde qui pouvait avoir un pied de long, puis deux hommes prenant chacun une des extrémités de la corde, le portèrent dans une cour éloignée d'environ cent cinquante pas.

Les pieds du malheureux prisonnier étant

---

(1) « Quiconque n'a pas vu les édifices publics des Chinois, dit M. d'Escayrac, ne saurait s'en faire une idée. Ces édifices, ou plutôt ces baraques entourant de grandes cours, sont bas et misérablement construits ; neufs, ils ont été bariolés de diverses couleurs ; on y a grossièrement peint des dragons ou des dieux : les cours ont été ornées de mâts et fermées de grilles rouges. Mais ces constructions de briques et plus encore de bois, analogues à des boutiques ou à des théâtres forains, sont aussi peu de temps neuves que rarement réparées ; aussi présentent-elles presque partout le même aspect lugubre et dégoûtant : des cours pleines d'herbes, des peintures détrempées par la pluie, des mâts courbés ou fendus, des grilles à demi brisées, des châssis défoncés et dont la doublure en papier pend par sales lambeaux. »

garantis par des bottes, tout le poids de son corps pesait sur les mains étroitement garrottées. A peine venait-il d'être jeté dans cette cour, que l'ordre de le mettre à mort fut donné aux soldats qui l'entouraient et tous se précipitèrent à la fois sur lui brandissant des sabres, des piques, des lances et des coutelas, mais cet ordre n'était qu'une honteuse comédie pour augmenter ses souffrances. Saisi de nouveau, il fut lancé, toujours garrotté, dans une charrette remplie de clous à tête plate, pas très longs, mais dont les nombreuses piqûres ajoutèrent de nouvelles souffrances à celles qu'il ressentait déjà. La charrette sortit aussitôt de la ville et se rendit au camp des Tartares situé à trois kilomètres environ. Là, M. d'Escayrac fut porté dans une petite pagode et jeté la face la première sur un tas de paille, afin, lui dit-on que son sang souillât le moins possible le sol. Dans cette position des mandarins vinrent l'examiner, le remuant avec les pieds pour le mieux voir, et l'ordre de lui couper la tête fut de nouveau donné.

Cependant M. d'Escayrac ne fut pas plus exécuté dans cette pagode qu'à Toum-tmeou, rejeté dans sa charrette, on l'emmena encore, et après une heure (1) d'une course effrénée sur des clous pointus et une route raboteuse, ses conducteurs s'arrêtèrent un instant dont ils profitèrent pour serrer avec plus de force les liens de leur infortuné prisonnier. Ils y introduisirent des coins de bois, tordirent les cordes avec une baguette, les arrosèrent pour les faire gonfler, après quoi ils se remirent en marche. Cinq fois des cavaliers tartares se jetèrent sur la charrette, réclamant à grands cris la mort immédiate de cette malheureuse victime d'une si atroce barbarie, et son escorte eut beaucoup de peine pour le soustraire à leur fureur.

M. d'Escayrac ne se rendit pas compte du chemin qu'il parcourut pendant la nuit, mais vers le point du jour, il s'aperçut qu'il franchissait une muraille élevée (2), épaisse,

(1) A deux ou trois kilomètres, son escorte fut soudain croisée par trois ou quatre cents cavaliers tartares évidemment en déroute, qui crièrent en passant : « Sauvez-vous, sauvez-vous ! » Croyant au voisinage des troupes françaises et espérant que la cavalerie anglaise était sur ses traces, M. d'Escayrac se mit à pousser des cris qui lui valurent bon nombre de coups de lance heureusement sans gravité.

(2) Les murailles de Pékin, hautes de 50 pieds, épaisses de 50 pieds à leur base et de 30 à leur sommet, sont égales à ce qu'étaient celles de Tyr, d'après Arrien ; celles de Ninive,

flanquée de tours et qu'il était entraîné sur une large voie bordée des deux côtés par des arbres, des jardins, des maisons basses, des baraques, des boutiques, des ya-mons et des pagodes, tout cela jeté comme au hasard, sans ordre et sans suite, ne présentant guère à l'esprit l'image d'une grande ville, aussi ne se doutât-il pas qu'il venait d'entrer dans Pékin. Cependant une foule beaucoup plus compacte et plus bruyante que toutes celles qu'il avait vues jusque-là en Chine, grouillait autour de la charrette qui cahotait le malheureux Français.

Pendant cinq heures, ce théâtre et ces personnages ne changèrent point, enfin après avoir franchi une nouvelle enceinte, il était à peu près dix heures du matin du mercredi 19 septembre, M. d'Escayrac fut tiré de la charrette et emporté toujours à l'aide des mêmes procédés. On lui fit traverser plusieurs cours, on lui enleva ses liens qui furent remplacés par des fers au cou, aux pieds et aux mains, puis on le porta plutôt qu'on ne le conduisit devant un mandarin à bouton bleu

d'après les anciens et d'après M. Layard, étaient encore beaucoup plus fortes.

foncé, qui après lui avoir demandé son nom et son rang, (1) donna l'ordre de le mettre à mort immédiatement. De mauvais sabres furent aiguisés à cet effet, mais au lieu de s'en servir, les soldats entraînèrent M. d'Escayrac dans une cour où se trouvaient une soixantaine de prisonniers. Là, malgré son héroïque fermeté dans cette horrible torture, il se décida à demander un peu d'eau au mandarin à bouton blanc qui le conduisait. Le mandarin lui fit donner une tasse d'eau (2) puis lui et ses estafiers le quittèrent.

Après avoir apaisé la soif qui le dévorait, M. d'Escayrac s'étendit sur la terre de la cour de la prison, et, avec effort, il parvint à ramener ses mains sur la poitrine, elles étaient gonflées, engourdies et froides. Les doigts

(1) M. d'Escayrac rapporte que ce mandarin à bouton bleu foncé, l'accueillit par ces mots : A genoux ! et que son entourage, au milieu duquel il paraissait trôner, s'empressa de répéter : A genoux ! A genoux ! Malgré ses souffrances le prisonnier répondit fièrement : Je suis mandarin français, je ne dois point m'agenouiller.

(2) Depuis vingt-quatre heures M. d'Escayrac n'avait ni bu ni mangé, et depuis vingt heures il subissait un martyre permanent, aggravé à chaque village qu'il traversait par des hommes et plus souvent par des enfants, qui venaient arroser de nouveau ses liens, et les tirer ou les tendre en glissant dessous de petites pierres ou des morceaux de bois.

couverts de phlyctènes gangréneuses, les poignets déchirés formaient une plaie dégoûtante de pus et de sang, mais enfin il pouvait étendre librement ses membres réunis depuis vingt heures dans une contraction violente. Bientôt les autres prisonniers ayant pitié de ses souffrances, le portèrent dans la salle (1) qui leur servait de dortoir et le couchèrent sur un lit de camp recouvert d'un feutre. Sa chaîne, pour le gêner moins, fut par le milieu de sa longueur suspendue au plafond. M. d'Escayrac remercia en langue chinoise les prisonniers de leurs bons soins, et les forçats qui se trouvaient dans ce bagne chinois, surpris de voir un Européen s'exprimant avec tant de facilité dans leur langage, s'intéressèrent plus vivement à leur nouveau compagnon d'infortune et lui rendirent volontiers tous les petits soins qui étaient en leur pouvoir. Pendant les quatre premiers jours, il ne put manger que quelques fruits que les détenus lui offraient et qu'ils

(1) Cette salle était longue d'environ quinze mètres, large de cinq, bordée sur ses deux faces les plus longues de lits de camp. En face de la porte, située au centre d'un des grands côtés, couchaient les gardiens ; à gauche en entrant, se trouvaient les condamnés sans chaînes. Le côté droit, moins honorable aux yeux des Chinois, était réservé aux enchaînés.

devaient lui porter à la bouche car il était incapable de se servir de ses mains, et ce ne fut qu'au bout d'une dizaine de jours qu'il put faire quelques pas dans la cour sans être soutenu par une personne étrangère (1)

Dès le second jour de sa détention, les mains causèrent à M. d'Escayrac une douleur tellement intolérable que pendant vingt jours et vingt nuits, il put à peine prendre quelques instants de repos. En outre, dans ce bagne chinois, il se vit assiégé par des nuées de mouches dont il ne pouvait guère se défendre, de sorte que les vers se mirent dans ses plaies. Par bonheur, un médecin chinois, venu le voir comme curiosité, fut touché de son état pitoyable, il mit sur ses blessures une poudre qui fit disparaître les vers et lui donna aussi un peu d'une huile jaune et épaisse, avec laquelle les compagnons d'infortune du malheureux prisonnier toujours pleins d'attention pour lui, purent opérer deux pansements

(1) Il y avait surtout un prisonnier, rapporte M. d'Escayrac, toujours prêt à lui rendre service ; mais ses services finissaient par lui être désagréables, parce qu'ayant été acrobate, il ne manquait jamais de les accompaguer de sauts périlleux, de culbutes ou de promenades sur la tête. Il avait frappé son maître bateleur d'un sabre qu'il devait avaler, et il disait, en riant très fort, qu'il ne l'avait pas fait exprès.

à la suite desquels il se sentit un peu soulagé. Malheureusement, il n'avait pas même un morceau de toile pour couvrir ses plaies, un prisonnier lui apporta une petite loque bleue que pendant quinze jours il promena d'une main à l'autre. En sus de ses souffrances physiques, il était continuellement torturé par la faim, (1) la nourriture qui lui était allouée était aussi misérable qu'insuffisante, une tasse de riz détestable et quelques queues d'oignons salées le matin et le soir.

M. d'Escayrac ignorait même le nom du lieu où il se trouvait, couché sur le dos dans une charrette, brisé par la souffrance, il avait traversé Pékin sans s'en douter, tant les voies de communication y sont larges et les maisons clair-semées. En prison, (2) constamment

(1) Dans l'état de souffrance où M. d'Escayrac se trouvait, il n'aurait pu résister avec le régime auquel il était soumis, aux angoisses de la faim, si heureusement des visiteurs musulmans avec lesquels il s'était entretenu du Coran dans leur langue, et des enfants bien sages dont sa vue, à titre de curiosité, avait été la récompense, ne lui avaient apporté des fruits et des gâteaux.

(2) Les détenus chinois cherchaient à se rendre le séjour du bagne le plus supportable possible en dressant des animaux et en jouant entre eux. Il y avait un condamné qui était dans la prison depuis près de cinquante ans ; il avait, à l'âge de cinq ou six ans, mordu le doigt de son père qui

surveillé par les gardiens, il n'avait encore pu faire à ses co-détenus aucune question relative soit à la prison elle-même, soit aux événements de la guerre qu'ils connaissaient mais dont ils n'osaient s'entretenir devant lui.

Sur ces entrefaites, M. d'Escayrac reçut dans la cour de la prison et en présence des autres détenus, la visite d'un mandarin à bouton bleu clair. Ce dignitaire du Céleste empire lui demanda s'il était musulman,

le battait. Son père, qui l'avait fait emprisonner, n'avait jamais pu payer ce qu'on lui demanda ensuite pour le faire sortir. Un autre condamné avait un oiseau savant qui retirait, avec son bec, d'une liasse de petits papiers pliés avec soin celui sur lequel on avait écrit un caractère. Ce tour, assez joli du reste, se renouvelait tous les jours et plusieurs fois dans la journée, depuis plusieurs années, et toujours avec succès, à la grande satisfaction de tous les assistants. Les détenus avaient jusqu'à un théâtre. Dès que la salle commune était fermée le soir et que certaine ronde avait eu lieu, une ou deux chandelles étaient allumées sur une table placée au bout de la prison. Deux ou trois prisonniers ou gardiens s'approchaient de la table et la représentation commençait. Une voix de fausset servait à rendre les rôles de femme, il y avait du dialogue et du chant, mais ni le dialogue, ni le chant n'étaient extrêmement chastes. Aussi M. d'Escayrac ne regardait-il pas les diverses pièces dont il était gratuitement régalé comme une agréable distraction ; il se gardait bien toutefois de montrer de l'humeur, vu que le soir de son arrivée afin de ménager son premier sommeil, ses compagnons de captivité s'étaient privés d'eux-mêmes de cette récréation bruyante.

pourquoi il avait des livres musulmans et quel
motif sur sa route lui avait fait visiter les
mosquées. M. d'Escayrac répondit que l'histoire de l'islamisme en Chine l'intéressait
seulement et qu'il n'appartenait pas à ce culte.
Malgré cette affirmation, le mandarin paraissait
croire que le prisonnier ne s'était mis en
relation avec les musulmans que pour les
soulever, et il prétendit que pour un mandarin
d'un rang élevé, il n'était pas très bien vêtu.
M. d'Escayrac lui fit observer que ses vêtements d'étoffe blanche n'étaient déchirés
et souillés que par suite des mauvais traitements (1) que le gouvernement chinois lui
avait fait subir, bien qu'il eût été traîtreusement capturé en plein armistice.

(1) Plus tard reportant sa pensée sur sa captivité et sur le
bagne de Pékin, M. d'Escayrac écrivait : « Je suis loin de
regretter aujourd'hui ces quelques heures d'épreuve, je crois
qu'elles m'ont rendu meilleur. Le choix de la société n'était
pas sans doute excellent et il n'aurait rien valu s'il s'était agi
de former la jeunesse. Ce n'est pas même une conclusion
morale que celle où j'arrivais peu à peu d'aimer d'autant
plus les criminels que je voyais davantage les juges ; mais
dans le rapprochement odieux qui m'était infligé, comme
dans la misère que je subissais, il y avait une médication
morale puissante, je faisais la cure de l'orgueil. Dans
quelque situation où je puisse voir un homme, il me serait
difficile de ne pas me rappeler que la misère nous menace
tous et que les chaînes vont à toutes les mains. »

M. d'Escayrac ajouta que peu de jours auparavant de nombreux domestiques étaient attachés à sa personne, qu'il possédait des bagages considérables, des voitures, des chevaux, des mulets, que les Chinois lui avaient tout enlevé, lui avaient estropié les mains ; que, chargé de fers, il avait été jeté en prison avec des criminels qui s'étaient montrés plus humains que ses bourreaux, car sans leur assistance il n'aurait pu ni boire, ni manger, ni faire un seul pas. Mais, dit-il, d'une voix ferme en terminant, il comptait sur ses compatriotes pour lui faire rendre justice ou du moins pour le venger. Le mandarin frappé par ces paroles se retira sans mot dire, et après son départ les prisonniers touchés de cette scène, entourèrent M. d'Escayrac avec respect.

CHAPITRE VIII

Délivrance de M. d'Escayrac.

Le mardi deux octobre 1860, quatorze jours après son entrée au bagne de Pékin, M. d'Escayrac fut conduit devant un mandarin d'un rang très élevé qui affecta d'accueillir le prisonnier avec une extrême bienveillance. Ce mandarin à bouton bleu clair fit tous ses efforts pour calmer la juste indignation de M. d'Escayrac ; s'exprimant avec beaucoup de politesse, il lui dit que le gouvernement du Céleste empire regrettait infiniment que par erreur on l'eût traité d'une façon peu convenable, mais qu'il serait mieux traité à l'avenir ; qu'il ne retournerait plus au bagne et qu'il allait être immédiatement conduit au Kao-myao, où il trouverait tout ce qui lui serait nécessaire en attendant sa prochaine délivrance. (1)

Après ces paroles d'excuse, le mandarin donna l'ordre de délivrer le prisonnier de ses fers, le fit monter en voiture avec lui, et suivi d'une foule compacte mais silencieuse, il le conduisit au Kao-myao, où il le plaça seul dans une petite chapelle de côté proprement meublée pour le recevoir, ornée de quelques idoles et renfermant un cercueil enveloppé de papier peint. Deux gardiens furent laissés pour le surveiller et le servir.

Deux ou trois jours après, un mandarin de second rang vint visiter M. d'Escayrac, il se montra d'une politesse extrême et lui offrit

(1) Malgré les paroles mielleuses du mandarin qu'il sentait inspirées par la crainte de justes représailles, M. d'Escayrac protesta avec énergie contre les mauvais traitements dont il avait été la victime. Il voyageait, dit-il, en Chine, non point déguisé comme un conspirateur, mais à visage découvert, avec une suite convenable et accompagné d'officiers désignés par le gouvernement chinois lui-même. Il ajouta que son but n'avait rien de caché ni de criminel, et que sa mission, si elle était bien comprise par ceux qui gouvernaient le Céleste empire, leur serait peut-être même plus utile qu'elle ne pourrait l'être à son propre pays.

quatre corbeilles de fruits superbes et de gâteaux excellents. Il dit au prisonnier à plusieurs reprises qu'il pouvait demander tout ce qu'il désirait, comme du tabac, par exemp'e. Fidèle à la résolution qu'il avait prise, M. d'Escayrac ne voulut rien demander, quoique la privation du tabac lui fut particulièrement désagréable, et il remercia froidement le dignitaire chinois, pensant bien que ses bons offices n'avaient d'autre motif que la peur. Le mandarin annonça à M. d'Escayrac qu'il serait sous peu remis en liberté et l'invita avec insistance à écrire au camp français pour demander des effets et faire savoir qu'il était bien traité. (1) M. d'Escayrac refusa d'abord, mais cédant aux instances du mandarin, comme

(1) Au Kao-myao, M. d'Escayrac avait reçu des vêtements chinois dont il put se revêtir après avoir enlevé les siens qu'il gardait depuis plus de quinze jours souillés de toute sorte d'ordures et remplis de vermine. Toutefois malgré le changement de traitement qu'il recevait, on ne songea pas à prendre soin de ses plaies qui n'étaient pas encore cicatrisées. Sous le rapport de la nourriture, il était aussi bien traité que s'il avait reçu l'hospitalité d'un mandarin de première classe, le matin on lui donnait une sorte de semoule sucrée, on lui servait deux repas abondants et dans la journée on lui apportait des fruits et des gâteaux, mais il ne pouvait pas se servir librement de ses mains et les gardiens devaient lui porter les aliments à la bouche.

il ne pouvait encore se servir de ses mains, à
l'aide d'un pinceau placé dans sa bouche, il
traça quelques mots pour demander de l'argent
qu'il voulait donner à ses gardiens, et des
effets, ajoutant que seulement depuis deux
jours il était bien traité. Par suite de cette
restriction la lettre ne fut pas envoyée.

Il y avait sept jours que M. d'Escayrac se
trouvait au Kao-myao, quand un matin au
moment où il venait de se lever, un vieux
gardien, grand fumeur d'opium, mais fort
bon homme, lui ayant frappé doucement sur
l'épaule, lui murmura à l'oreille : « Je suis
votre ami et je suis content de pouvoir vous
dire qu'aujourd'hui, après déjeuner, vous serez
mis en liberté. » En effet, vers les deux heures
de l'après-midi, le mandarin de second rang
qui avait déjà visité M. d'Escayrac, vint lui
annoncer officiellement qu'il allait être sur le
champ conduit auprès des siens et l'engagea à
monter avec lui en voiture. (1)

(1) On avait rapporté à M. d'Escayrac ses effets sur ses
demandes réitérées. Les vêtements n'avaient pas été lavés,
il les revêtit néanmoins, ne voulant rien garder qui lui vint
des Chinois. Quand il partit du Kao-myao, plusieurs voitures
précédaient ou suivaient celle qui le portait. La populace
remplissait les rues sur le passage du cortège et son attitude

Après une heure de route environ, M. d'Escayrac arriva à une pagode dans laquelle il rencontra d'autres prisonniers européens, parmi lesquels M. Parkes, premier interprète de l'ambassade anglaise, dont la figure pâle et fatiguée témoignait qu'il avait beaucoup souffert, et cependant c'était sous le pavillon parlementaire qu'il avait été traîtreusement pris. Presque aussitôt un mandarin d'un rang inférieur se présenta, il était chargé de remettre les prisonniers au général en chef de l'armée anglaise et quelques minutes plus tard quatre habits rouges et quatre baïonnettes anglaises (1) se dressaient devant eux. « A cette vue, s'écrie M. d'Escayrac, je sentis mon

était évidemment hostile ; mais cette colère et cette hostilité s'adressaient plutôt au mandarin qu'au prisonnier européen. Les agents de police, pour ouvrir un passage aux voitures, écartaient la foule à coups de fouet.

(1) M. d'Escayrac fut accueilli par lord Elgin et le général Grant avec une aménité exquise et une sympathie touchante. Dès son arrivée au camp anglais, le commandant Reboul s'empressa d'écrire sous sa dictée quelques mots destinés à rassurer sa famille, car le prisonnier avait encore les mains en très mauvais état. M. d'Escayrac rapporte que lorsque M. Parkes, le présentant à lord Elgin l'appela « ce gentleman, » il ne put malgré la gravité de la situation s'empêcher de sourire en jetant les yeux sur les haillons dont il était couvert.

cœur inondé de joie. Ces quatre baïonnettes que je voyais se refermer derrière nous, c'était la porte de ma maison et derrière cette porte, ma famille, mon pays, mes amis et cette armée française si chère à tous ceux qui ont partagé ne fut-ce qu'un instant ses rudes labeurs et ses nobles aspirations. »

En arrivant le lendemain 10 octobre au camp français, après un martyre de vingt-deux jours, M. d'Escayrac se rendit immédiatement auprès du général en chef qui le reçut avec la plus grande joie et l'accueillit avec une extrême bienveillance. Le prisonnier échappé comme par miracle à la mort, fit d'abord un récit verbal de sa capture et de son emprisonnement, et le jour suivant il dicta, étant encore incapable d'écrire lui-même, un rapport qui fut aussitôt adressé en France et publié par le Moniteur Universel.

Après ces dures épreuves, (1) M. d'Escayrac

(1) Un des domestiques de M. d'Escayrac avait pu se sauver de Toum-tmeou et regagner le camp français. Ce fut lui qui raconta à son maître comment on avait attaqué et pillé sa maison, tué un soldat et un Chinois chrétien à son service, et arrêté les autres domestiques. Il lui dit aussi que les voituriers et les muletiers avaient été seulement pris pour le service de l'armée chinoise et n'avaient point subi de mauvais traitements. Après le retour de M. d'Escayrac au

eut la joie de revoir son jeune frère, capitaine au 102ᵐᵉ de ligne, régiment spécialement créé pour la campagne de Chine, qui venait à trente ans, de recevoir la croix de chevalier de la Légion d'honneur sur le champ de bataille, et auquel avec une admirable délicatesse de sentiments et une singulière habileté, ses camarades avaient caché presque jusqu'au dernier moment la captivité de son aîné. Il reçut les félicitations de bien des amis auxquels il ne pouvait seulement pas serrer la main, et ayant demandé un asile aux médecins dont les soins lui étaient nécessaires, il fut accueilli et traité par eux comme un frère. M. d'Escayrac apprit alors ce qui s'était passé depuis sa capture, (1) et on lui annonça que la Chine,

camp français, son lettré et un de ses domestiques étaient encore prisonniers des Chinois, il n'eut dès lors qu'une pensée, les arracher à cette captivité qui ne pouvait se terminer que par la mort. Il y mit tous ses efforts, ce fut difficile et long ; enfin, le général en chef de l'armée française les lui fit rendre, ils étaient hâves et décharnés, car eux aussi avaient bien souffert.

(1) Pendant que M. d'Escayrac et les autres européens étaient traîtreusement capturés à Toum-tmeou, la vaillante petite armée franco-anglaise se trouvait assaillie par des nuées de Tartares à cheval et presque entièrement enveloppée par eux. Sa situation était difficile, mais par un irrésistible élan elle en sortait victorieuse. L'ennemi vaincu se reformait

se sentant vaincue, avait humblement demandé la paix.

Les conventions étant réglées, l'armée française entra dans Pékin, le samedi 13 octobre 1860, enseignes déployées et musique en tête. « Pour tous ceux qui avaient combattu, pour tous ceux qui avaient souffert, ce fut un beau jour, écrit M. d'Escayrac. Je faisais piteuse figure dans le cortège, mais j'avais l'âme aussi joyeuse que le corps pouvait être fatigué, et, pendant qu'on signait le traité, je me laissais aller à causer amicalement, (1) à échanger même des plaisanteries avec les mandarins dont j'avais été le prisonnier et quelque peu la victime. »

et quelques jours plus tard, à Pa-li-kao, ayant encore tenté de disputer le passage, il était définitivement écrasé. Alors les deux armées européennes arrivaient devant Pékin, tournaient la ville et en châtiment de la trahison des Chinois, livraient aux flammes le palais que l'empereur Hien-Foung terrifié venait de fuir.

(1) M. d'Escayrac n'avait garde d'oublier ses compagnons d'infortune au bagne chinois et il s'informa de leur sort. Il apprit que quelques détenus ayant exprimé le vague espoir de voir tomber leurs fers si la ville était prise, avaient été exécutés. que d'autres, ayant manifesté le désir de combattre, avaient été mis en liberté afin de les incorporer dans la milice de la ville, et que le plus grand nombre était encore en prison. « J'aurais donné beaucoup, écrit-il

Ce n'était pas tout que d'entrer à Pékin, il fallait songer à la retraite, l'hiver s'approchait et sur les routes la température rapidement refroidie rendait les nuits dures à passer pour les soldats. M. d'Escayrac était venu jusqu'à Toum-tmeou joyeusement à cheval, il revint tristement à Tien-tsin en voiture. Quelques amis venaient de temps à autre chevaucher à sa portière et causer affectueusement avec lui ; sur certains points de la route il revit des figures amies qui déploraient les indignes traitements qu'il avait eu à subir, il en aurait certainement revu davantage si les calamités que la guerre entraîne toujours après elle, n'avaient fait évacuer bien des villages et dispersé leurs habitants. M. d'Escayrac fut particulièrement touché des marques de sympathie que lui témoignèrent les musulmans (1) dont il avait en passant visité les

plus tard, pour ouvrir ces prisons, pleines de criminels qui m'avaient montré plus de sympathie et donné plus de soins qu'on n'en peut souvent espérer des hommes dont la vertu même paraît la devise. Ne pouvant les rendre libres, je cherchai à leur faire passer quelques secours, je ne sais s'ils les auront reçus. Je n'osai rentrer moi-même dans la prison : j'y rentrerais facilement aujourd'hui, mais alors il ne me semblait possible de la revoir que pour y mettre le feu. »

(1) A Yun-tsun, tandis que M. d'Escayrac déjeunait,

mosquées. Ils paraissaient avoir beaucoup souffert des rigueurs de la guerre, mais leurs démarches ne pouvaient être guidées par aucun intérêt matériel, la faible protection d'un européen leur était inutile, puisque l'armée franco-anglaise quittait le pays.

M. d'Escayrac s'arrêta peu de temps à Tien-tsin et regagna Chang-haï où tant bien que mal il reprit ses travaux scientifiques. Il puisait de nouvelles forces dans une haute récompense qu'il venait de recevoir, ayant appris qu'il était élevé à la dignité de commandeur de la Légion d'honneur, distinction précieuse qui le

pendant une halte, assis sur une pierre au bord du fleuve, il vit venir une petite troupe d'hommes coiffés du bonnet bleu des musulmans, qui, après lui en avoir fait demander la permission par son lettré, s'approchèrent de lui. Celui d'entre eux qui paraissait le plus important prit alors la parole. Il lui dit que les musulmans du Yan-tsun se rappelaient la visite dont il les avait honorés à son premier passage, qu'ils avaient appris avec une extrême douleur sa capture par les infidèles et avaient éprouvé une joie très vive à la nouvelle de sa délivrance due à la protection du Dieu unique qu'ils adoraient les uns et les autres. Il ajouta qu'ils ne se présentaient en si petit nombre que parce que la guerre avait disséminé la plupart de leurs frères. Ils étaient déjà venus la veille au-devant de la première colonne, pensant qu'il faisait route avec elle. M. d'Escayrac ne put leur offrir qu'un peu de thé, mais jamais plus maigre collation ne fut plus cordialement offerte ni plus cordiale-ment reçue.

dédommageait, assure-t-il lui-même, de quelques heures mal passées. Il avait beaucoup souffert, mais aussi beaucoup travaillé et beaucoup appris, la Chine avait été pour lui l'objet d'une enquête perpétuellement ouverte. (1)

Rendu à la liberté, il put, malgré un grand affaiblissement physique et une certaine lassitude morale poursuivre ses recherches. Ce qui lui paraissait le plus pénible, c'est qu'il ne pouvait rien écrire lui-même. « J'avais pour plusieurs mois, dit-il dans les *Mémoires sur la Chine*, perdu l'usage de mes mains, mais le général de Montauban (2) ayant bien voulu autoriser

(1) Partout où je passais, rapporte M. d'Escayrac, je faisais examiner par mon lettré tous les livres et tous les papiers qui me tombaient sous la main, je questionnais les gens des diverses classes, je prenais ou faisais prendre auprès de ceux qui avaient quelque spécialité des renseignements plus étendus et de plus de valeur. Ces renseignements m'étaient souvent livrés par écrit, je les faisais alors analyser, je les soumettais à un examen critique et j'en notais brièvement les principaux traits. L'enlèvement de mes papiers fut en conséquence une grande perte pour moi. »

(2) Charles, Antoine de Cousin-Montauban, né le 24 juin 1736, se distingua comme officier de cavalerie en Algérie où il conquit rapidement tous ses grades et fut nommé général de division en 1855. La vie de ce général fut marquée en 1860, par un des événements les plus extraordinaires du XIXᵐᵉ siècle. Investi du commandement en chef du corps expéditionnaire français en Chine, il accomplit une invasion

mon frère, capitaine au 102ᵐᵉ de ligne, à résider avec moi à Tien-tsin et à me suivre à Chang-haï, je pus écrire par sa main. Sans son dévouement, sans son zèle, sans son inaltérable complaisance pour un frère dont l'état maladif ne rendait pas la société très agréable et dont les dictées étaient plus longues que récréatives, cet ouvrage n'existerait pas. »

M. d'Escayrac comptait visiter plusieurs provinces chinoises et résider quelques mois à Pékin après la signature de la paix, le Céleste empire pouvait alors, sur une grande partie de son étendue, être parcouru sans danger. Il se proposait de s'attacher un certain nombre de lettrés intelligents, (2) à chacun desquels il eût

presque fabuleuse qui conduisit une poignée de Français et d'Anglais jusqu'à la capitale de ce vaste et lointain empire. Nommé sénateur le 4 mars 1861, il reçut le 22 janvier 1862, le titre de comte de Palikao. Lorsqu'il avait été élevé à la dignité de grand-croix de la Légion d'honneur le 26 décembre 1860, ce général comptait 42 ans de services effectifs, 28 campagnes, 1 blessure et 19 citations à l'ordre du jour de l'armée. Une vie si active ne l'a pas empêché d'atteindre une grande vieillesse, le comte de Palikao est mort à Paris le 8 janvier 1878 à l'âge de 82 ans.

(2) « Les savants chinois, rapporte M. d'Escayrac, sont plus empressés que nous-mêmes à chercher de nouveaux enseignements ; partout je les ai trouvés désireux de converser avec moi et prêts à me faire part de leur savoir en échange des renseignements que je pouvais leur fournir sur le reste

assigné un ordre particulier de recherches. Il voulait à Pékin acquérir sur l'administration générale de l'empire des renseignements nets et complets, malheureusement l'état de sa santé ne lui permit ni de réaliser ces projets, ni de résider longtemps à Chang-haï. Il dut mettre quelque hâte dans ses recherches et fut même obligé d'en abandonner une partie pour revenir en France.

du monde et des explications que je leur donnais de quelques ouvrages spéciaux accompagnés de nombreuses planches, de divers atlas et surtout de l'atlas physique de Johnston, dont la vue suffisait à leur faire comprendre que si notre éducation et notre science différaient des leurs, elles étaient loin de leur être inférieures. »

CHAPITRE IX

Retour de M. d'Escayrac en France ; ses publications diverses,
brève analyse des « Mémoires sur la Chine ».

De retour à Paris, M. d'Escayrac, tout en
donnant à sa santé profondément altérée par
sa dure captivité en Chine les soins qu'elle
exigeait, puisait avec ardeur dans l'étude ses
plus douces consolations. Ses blessures s'étaient
enfin cicatrisées, cependant il éprouvait toujours de la gêne dans l'usage de ses mains
dont les doigts avaient conservé une grande
raideur.

Il rédigea pour le *Moniteur universel* de
nombreux articles sur l'Extrême Orient, articles
très remarqués par le monde savant en France

et à l'étranger, et cédant aux pressantes sollicitations de la commission centrale de la Société de géographie, il écrivit des *Considérations sur le passé et l'avenir de la Chine*. A la séance générale de la Société de géographie du 4 avril 1862, il prit la parole pour donner un aperçu des changements survenus depuis les temps historiques dans le cours des deux grands fleuves chinois le Hoang-ho et le Yang-tse-Kiang. (1) Cette communication parut si intéressante aux membres présents que sur leurs instances, il la rédigea par écrit pour être insérée au Bulletin de la Société.

M. d'Escayrac se préoccupait aussi beaucoup

(1) Le Hoang-ho, nom chinois qui signifie le Fleuve Jaune, ancien Bautés, Bautis ou Bautisus, prend sa source à deux lacs au milieu des montagnes de la Tartarie dites Koul-Koun, au nord du Thibet, chez les Mongols du Khou-khou-noor. Il arrose la Mongolie, la province du Kansou, passe à Lan-tcheou, traverse le pays des Ordos, sépare la province de Chen-si et de Chan-si, traverse celle de Honan, passe à Kaï-foung et à Kiang-sou, puis il se divise. Son ancien lit dans la province de Kiang-sou est aujourd'hui presque à sec, il s'est ouvert un lit plus au nord jusqu'au golfe de Pet-chi-li, où il se jette maintenant après un cours sinueux de l'Ouest à l'Est. Il reçoit le canal Impérial, entretient la communication dans les provinces, se grossit d'un nombre considérable de rivières et traverse deux fois la Grande muraille. Rapide

du développement d'une idée que lui avait suggérée la simplicité de la langue et des caractères chinois. Il voulait appliquer ces caractères à la télégraphie, en les combinant avec un certain nombre de signes conventionnels, de façon à rendre de la même manière les mêmes idées dans toutes les langues.

Par ce système on obtenait un idiome signalétique universel qui pouvait rendre de très grands services surtout pour la télégraphie maritime. En 1862, M. d'Escayrac publia à Paris sur ce sujet un mémoire qui fut très remarqué, mais qui souleva de vives objections. Reconnaissant alors que son idée avait peu de chance d'être acceptée en France, car la

---

et large, mais inégalement profond et de navigation difficile, il est d'une impétuosité redoutable dans ses débordements fréquents, bien qu'il soit contenu dans son lit par de fortes et doubles digues dont on a encaissé ses rives. Il doit son nom de Hoang-ho ou Fleuve Jaune, à la couleur de ses eaux chargées de limon, son cours est d'environ 3,500 kilomètres.

Le Yang-tse-Kiang, dont le nom veut dire en chinois le Fils aîné de la mer, appelé encore le Fleuve Bleu ou Ta-Kiang, le plus grand fleuve du Céleste empire, est aussi le plus grand fleuve de l'Asie et après l'Amazone et le Mississipi le plus grand du monde entier. Il est formé par la réunion du Kin-cha-kiang et du Ya-loung-kiang, il coule de l'Ouest à l'Est à travers les provinces de Se-tchouan, Hao-nan, An-hoéï,

télégraphie y était un monopole de l'Etat, il profita de ce que sa santé paraissait un peu raffermie pour passer en Angleterre où l'appelaient de nombreux amis.

Il comptait beaucoup s'éclairer lui-même sur la valeur et la vraie portée de sa découverte, par les lumières de l'esprit public dans ce pays de libre discussion, où ainsi qu'il l'écrivait lui-même, *il était sûr d'être jugé sans malveillance, mais aussi sans faveur*. Sa connaissance approfondie de la langue et de la littérature anglaises lui facilita le moyen d'exposer son système dans trois brochures : *Analytic universal telegraphy ; Analytic universal code of signals ; Telegraphic transmission of the chinese characters ; London,*

Kiang-nan, il passe à Wou-tchang, Han-Keou, Hang-yang, Ngan-king, Nan-king et Tching-kiang, il reçoit le Hang-kiang, le Min-Kiang et le Kia-ling-kiang, et il se jette dans la mer Bleue au-dessous de Nan-king après un cours de 5,000 kilomètres depuis les sources du Kin-cha-kiang. Il est très poissonneux et navigable pendant 2400 à 2800 kilomètres, son embouchure a 31 kilomètres de largeur et à 1200 kilomètres de son embouchure il a encore 4 kilomètres de large et porte des bâtiments qui tirent de quatre à cinq mètres d'eau. La marée se fait sentir jusqu'au lac Pho-yang à 600 kilomètres de la mer. Dans les campagnes qu'arrose ce fleuve croît l'espèce de coton jaune qu'on emploie à fabriquer les toiles de couleur particulière appelées nankin.

1862, Camden Hotten Piccadilly, qui parurent presque en même temps.

Ces trois publications, bien qu'accueillies avec faveur par la presse anglaise, (1) furent cependant l'objet de certaines réserves quant à leur application immédiate. Avec cette loyauté inaltérable qui faisait le fond de son caractère, M. d'Escayrac reconnut lui-même que sa méthode n'avait pas encore atteint le degré de fini désirable et qu'elle exigeait avant toute autre étude le perfectionnement des appareils emp'oyés dans la télégraphie. Alors il revint en France et consacra tout le temps dont son état de santé lui permettait de disposer, à son grand ouvrage les *Mémoires sur la Chine,* qu'il lui tardait de terminer.

Ce travail, le plus important de tous ceux qu'a laissés M. d'Escayrac, parut en 1864, *en cinq forts cahiers in- 4°, à la librairie du Magasin pittoresque, quai des Grands Augustins à Paris.* M. A. Malte-Brun, (2) Secrétaire

(1) A ce sujet, M. d'Escayrac écrit la réflexion suivante qui est bien juste : « Les réformes, dit-il, ne se font guère que sous la pression de l'opinion publique sollicitée par la presse. Cette opinion incommode parfois à ceux qui administrent, est la plus sûre alliée de ceux qui gouvernent. »

(2) Victor, Adolphe Malte-Brun, géographe français né à

Général honoraire de la commission centrale de la Société de géographie, chargé à la séance du 19 février 1869, de prononcer l'éloge funèbre de M. d'Escayrac, apprécie en ces termes les *Mémoires sur la Chine* : « Son style est nourri de faits et de pensées. On pourra trouver parfois les vues de M. d'Escayrac singulières ou hardies, ses assertions bien tranchantes, son scepticisme outré ; mais ces défauts si on les prend comme tels, ne sont pas d'un esprit commun et il y a toujours à gagner avec qui nous fait penser, même quand il y a divergence entre ses idées et les nôtres. On trouve d'ailleurs dans la partie intitulée

Paris en 1816, était fils du célèbre géographe Malte-Conrad Brunn, né à Thisted dans le Jutland en 1775, qui, condamné à l'exil en 1800, vint se fixer en France, où il publia en 1810 un Précis de la géographie universelle, ouvrage encore estimé, et fut en 1821, un des fondateurs de la Société de géographie. Le jeune Victor-Adolphe n'avait que dix ans lorsqu'il perdit son père en 1826, il obtint une bourse au Collège de Versailles et embrassa en 1838, la carrière du professorat. A partir de 1847, il se voua entièrement aux études géographiques, membre de la Société de géographie dont il a été longtemps le Secrétaire Général, il a pris une part active à la rédaction du Bulletin de cette Société, ainsi qu'à celle des Nouvelles annales des voyages, publication fondée par son père en 1808. M. Victor, Adolphe Malte-Brun est mort à Marcoussis, Seine-et-Oise, le 15 avril 1889, il était membre de la Légion d'honneur.

Histoire, une suite nombreuse de cartes qui montrent les limites, les grandes divisions et la nomenclature de la Chine, d'époque en époque ; ce travail qui repose sur une sorte de Kruse ou de Spruner chinois, est beaucoup plus riche en détails que les indications analogues données par Klaproth (1) dans ses *Tableaux historiques de l'Asie.* »

Au début des *Mémoires sur la Chine*, M. d'Escayrac, dans une courte préface, fait connaître le plan qu'il se propose de suivre : « J'ignore, dit-il, quel accueil le public français fera à ce livre, mais je ne solliciterai pour lui ni encouragements, ni souscriptions de l'Etat : ce qui est utile et bon doit pouvoir s'en passer, ce qui est inutile et mauvais ne

(1) Christian Kruse, chronologiste allemand, né en 1753 à Hiddigwarden, Oldenbourg, mort en 1827 à Leipzig, fut d'abord directeur général des établissements d'instruction publique du grand duché d'Oldenbourg, enclavé dans le royaume de Hanovre. En 1812, il fut nommé professeur d'histoire à la célèbre université de Leipzig, érigée dans le royaume de Saxe en 1409. Kruse a publié de nombreux ouvrages dont le plus remarquable est un Atlas des Etats européens où se trouvent réunies les cartes des différents siècles et les tables chronologiques des événements qui ont rempli ces siècles. Deux savants historiens et géographes, MM. Le Bas et Ansart, ont publié en français à Paris, 1832 et 1836, in-folio, cet atlas avec des améliorations.

saurait avoir de droits sur le trésor public.
Avant d'aborder des sujets plus importants, je
dirai quelques mots de la campagne de Chine,
de ma captivité, de mes études et de mes
projets. Je m'y sens encouragé par cette
généreuse sympathie que m'ont témoignée
l'armée de Chine et mes concitoyens, et dont
le souvenir survit chez moi à la mémoire de
quelques heures difficiles et de quelques
blessures fermées. Je traiterai ensuite, dans des
mémoires qui plus tard seront réunis en
volume, mais qui devront d'abord être publiés
isolément et chacun d'eux dès que les gravures
et les cartes qui s'y rattachent seront
prêtes : De la géographie ancienne, de la
chronologie et des monnaies anciennes. De la

Charles de Spruner, historien et géographe allemand, né en
1803, à Stuttgart, capitale du royaume de Wurtemberg, fit
ses études à l'École militaire de Munich et entra dans l'armée
de la Bavière, dont il écrivit l'histoire militaire. Professeur de
géographie à l'École militaire et membre de l'Académie des
Sciences de Munich, il est mort en 1876.

Henri, Jules Klaproth, fils du célèbre chimiste Martin,
Henri Klaproth, naquit à Berlin en 1783. Entraîné par la
passion de l'étude des langues orientales, il abandonna la
chimie et la physique auxquelles il avait d'abord appliqué
son intelligence hors ligne, pour accompagner en 1805 une
ambassade russe envoyée en Chine. Il revint en Europe en
1807, rapportant de son lointain voyage une foule de livres

géographie moderne et administrative ; de la langue chinoise, de sa transcription, de sa transmission télégraphique, de son enseignement. Du gouvernement, de l'administration, des finances, de l'art militaire. De la religion, des dieux, des prêtres et des fêtes. De l'industrie, de l'agriculture, des productions diverses de chaque district. Des mœurs, des cérémonies et des divertissements. S'il m'est donné plus tard de revoir la Chine, ou si j'ai l'occasion de continuer utilement, en Europe, mes études chinoises, je publierai de nouveaux mémoires qui formeront la suite et le complément du travail actuel. »

Voici une très brève analyse des *Mémoires sur la Chine*, car il n'est guère possible de

chinois, mandchoux, mongols et japonais. En 1812, il fut appelé à la chaire des langues asiatiques de l'université de Berlin, mais les événements politiques l'ayant empêché de prendre possession de cette chaire, il quitta la Prusse et vint définitivement se fixer à Paris en 1815, où il mourut en 1835. Ses principaux ouvrages sont écrits en français, on peut citer particulièrement : Tableaux historiques de l'Asie depuis la monarchie de Cyrus jusqu'à nos jours, Paris, 1826, in-4°, avec atlas in-fol. ; Description géographique, statistique et historique de la Chine, en anglais, Londres, 1825, 2 vol. in-4° ; Asia polyglotta, ou classification des peuples de l'Asie d'après leurs langues, Paris, 1823, in-4° ; Mémoires sur l'Asie, Paris, 1824-1828, 3 vol. in-4°.

résumer un ouvrage aussi considérable et qui mérite d'être lu avec la plus grande attention : Le premier cahier contient cent pages ; M. d'Escayrac raconte dans le premier chapitre la campagne de Pékin et donne ses souvenirs personnels des terribles épreuves qu'il eut à subir. Il combat l'opinion généralement répandue de la couardise des Chinois : « Prisonnier en Chine, dit-il, je n'ai pas assisté aux combats qui furent livrés dans la marche sur Pékin. Ailleurs, je ne combattais point, mais j'ai vu, je sais ce que c'est que la guerre, je l'ai suivie un peu partout, dans le Soudan et en Syrie, à Rome et en Lombardie. On me croira donc si je répète que la lâcheté des troupes chinoises est une de ces fables convenues dont se compose l'histoire. Ces troupes nous étaient inférieures par la tactique et par les armes, mais le courage était égal. » Le second chapitre est consacré à la question chinoise, à la grande question d'Orient et à l'importance de la Chine.

Le second cahier de 129 pages, comprend un avant-propos et neuf chapitres sur les éléments historiques, la chronologie, les Temps anciens, les Temps moyens et les

Temps modernes de la Chine, les monnaies anciennes de l'empire, l'histoire du sol, et des additions relatives au récit de la campagne de Chine et au commerce chinois.

Le troisième cahier de 127 pages, étudie, après un court avant-propos, la religion chinoise, l'Olympe chinois, le Boudhisme chinois, les enfers chinois, le culte populaire, les cultes étrangers et il se termine par un important vocabulaire religieux.

Le quatrième cahier de 79 pages, s'occupe du gouvernement central, des fonctionnaires civils, de l'administration et des finances de l'Etat ; de l'état militaire, et il se termine par un vocabulaire administratif.

Le cinquième cahier de 93 pages, l'un des plus riches en gravures (1) et certainement l'un des plus intéressants, étudie d'abord la vie sociale des Chinois, les villes, les boutiques, les jardins publics, les jeux, la musique, les

(1) En ce qui concerne les cartes et les gravures, M. d'Escayrac écrit : « J'ai joint à ce travail beaucoup de cartes, dont les unes sont copiées ou réduites et traduites de cartes chinoises, et dont les autres ont été dressées par moi à l'aide de documents chinois les plus dignes de confiance. Parmi les gravures qui accompagnent le texte, les unes sont le fac-simile de gravures chinoises empruntées à divers ouvra-

hospices, puis leur théâtre et leurs cérémonies, les mariages, les convois funèbres, ensuite la vie privée des Chinois, leurs maisons, leurs meubles, leur chauffage, leurs costumes, leur cuisine, leurs repas et le prix courant des objets usuels. Enfin, les trois derniers chapitres sont consacrés à l'instruction publique, à l'agriculture et à des notes diverses sur les transports, le calcul et les mesures, les monts-de-piété et le commerce de la Chine en 1863.

Les deux dernières parties de ce travail, le langage et la géographie n'étaient pas contenues dans ce volume et devaient paraître sous peu.

M. d'Escayrac résumait ses impressions sur la Chine dans les lignes suivantes : « Ce qui éloigne de nous les Chinois, c'est notre ignorance de tout ce qui les concerne, ils ne se rendent pas compte de ce que nous pouvons

ges ; les autres sont la reproduction souvent réduites de tableaux en ma possession et de peintures dont j'ai surveillé l'exécution au point de vue de l'exactitude des détails de la vie chinoise. Je regrette de ne pas avoir trouvé en Chine des artistes plus habiles et de m'être vu contraint de reculer devant les frais considérables d'une reproduction en couleur, qui eût cependant présenté de grands avantages. »

savoir sur le passé de notre petit monde, ils constatent seulement que ces hommes que nous leur présentons comme nos agents, et qui paraissent éminents parmi nous, ne savent rien de la Chine et n'en veulent rien apprendre. Pour que les deux races se comprennent, il faut que toutes deux travaillent à combler l'abîme d'ignorance qui les sépare ; il faut que la Chine apprenne l'Occident et que l'Occident apprenne la Chine. C'est à cette œuvre que travaillèrent jadis ces missionnaires qui portèrent aux extrémités de l'Asie la double lumière de la morale du Christ et de la science moderne. Quelques-uns d'entre eux, envoyés par Colbert, (1) furent placés à la tête du bureau astronomique de la Chine et admis par l'Académie des Sciences au nombre de

---

(1) Jean-Baptiste Colbert naquit à Reims, le 31 août 1619, d'une famille originaire d'Ecosse établie en Champagne depuis le XIIIme siècle, d'après ce que rapporte Moréri. Recommandé par Mazarin à Louis XIV, Colbert, après la disgrâce de Fouquet, gouverna les finances sous le titre de Contrôleur général. Non content d'avoir rétabli les finances et d'avoir encouragé tous les gens de mérite, ce grand ministre tourna ses vues sur le commerce et sur la marine. Un conseil fut formé pour discuter toutes ces matières et le commerce, que la France n'avait exercé jusqu'alors qu'imparfaitement, fut généralement cultivé. Il se forma trois

ses membres correspondants. Pékin a retrouvé ses églises et des prêtres, mais de ces grands instructeurs, il ne reste que l'ombre et le souvenir. J'aurais voulu aux lieux mêmes illustrés par eux, suivre en écolier le chemin de ces maîtres ; le destin ne l'a pas voulu, peut-être le permettra-t-il un jour. En tout cas, je crois que c'est à la France qu'il appartient de renouer le fil rompu de la tradition de Colbert. Elle ne saurait montrer à la Chine, ni la Sibérie colonisée, ni l'Inde conquise, ni des régiments échelonnés près des frontières tartares, thibétaines ou birmanes ; mais elle peut lui montrer encore des esprits cultivés, des âmes généreuses ; elle peut la conquérir à ses leçons, à ses sentiments, à ses idées ; et s'il est vrai que l'histoire

Compagnies, l'une pour les Indes Orientales, l'autre pour les Indes Occidentales et la troisième pour les côtes d'Afrique, toutes les trois furent encouragées et récompensées par Colbert, qui suivait en cela l'exemple donné par Richelieu, ministre qu'il avait pris pour modèle. Un grand nombre de vaisseaux et de galères fut construit en peu de temps et des arsenaux bâtis à Marseille, à Toulon, à Brest, à Rochefort, renfermèrent tout ce qui était nécessaire à l'armement et à l'équipement de plusieurs flottes. Et cependant, ce grand ministre mourut presque dans la disgrâce, à peine âgé de soixante-quatre ans, le 6 septembre 1683.

de l'humanité ne soit que celle de l'esprit humain, cette part dans l'histoire est encore assez belle. »

CHAPITRE X

Dernières années de M. d'Escayrac ; sa fin prématurée.

Les *Mémoires sur la Chine* venaient à peine de paraître, que l'infatigable activité d'esprit de M. d'Escayrac lui permit de publier un nouveau volume contenant toutes les observations faites par lui en Orient, en France et en Angleterre, sur l'application à la télégraphie des caractères chinois. Ce volume intitulé : *Le langage, ses lois, applications utiles de ces lois*, parut en 1865, à la librairie du Magasin pittoresque, quai des Grands Augustins, 29, à Paris. Ce fut le dernier ouvrage scientifique de M. d'Escayrac, si l'esprit conservait en lui

toute son énergie, le corps allait en s'affaiblis-
sant et inspirait à ses parents et à ses amis les
plus vives inquiétudes.

Il ne pouvait cependant, malgré l'insistance
et les avertissements des médecins, s'accorder
un repos absolu qui lui aurait été nécessaire,
ne pas travailler était à ses yeux, une mort
anticipée, aussi se sentant dans l'impossibilité
physique d'entreprendre de nouveaux voyages,
il consacrait toutes ses facultés et l'expérience
que lui donnaient ses vastes connaissances,
aux soins des affaires publiques. L'attache-
ment sincère qu'il avait pour la personne de
l'empereur Napoléon III, ne lui dissimulait
pas les fautes lourdes qu'accumulait le
gouvernement impérial Il comprenait qu'avant
peu, une politique incohérente suivie avec une
aveugle imprudence, acculerait la France à une
guerre (1) avec l'Allemagne, dont sa connaissance des forces et des sentiments des

(1) Voici ce qu'écrit M. d'Escayrac sous ce titre, La guerre
avec l'Allemagne : « Faut-il cependant aller en guerre ? Non !
mille fois non ! La guerre serait un malheur plus grand que
la perte d'un vain prestige et de la faculté dangereuse de
troubler les autres. Ni la France consolidée par les âges, ni
l'Allemagne fanatique d'unité ne peuvent périr ou même être
longtemps démembrées : elles mettent en jeu des forces
équivalentes, et, dans la balance de la guerre, jetteraient

puissances étrangères, lui faisait redouter l'issue.

Voulant éclairer l'opinion publique et ses concitoyens dans la mesure de ses forces, il publia en octobre 1867, à la librairie Armand Le Chevalier, rue Richelieu, 61, à Paris, une brochure de 155 pages, in-8°, sous le titre : *La guerre, l'organisation de l'armée et l'équité*, dont malheureusement il ne fut pas tenu assez de compte. M. d'Escayrac fait connaître en quelques lignes les motifs qui l'ont déterminé à écrire ce volume : « J'ai protesté, dit-il, au sein d'un Conseil général, contre la loi militaire projetée. La critique ne jouit pas, dans nos assemblées départementales, de la liberté acquise aux louanges : ma voix a été étouffée ; j'ai rendu mon mandat. Ma protestation n'en subsiste pas moins et, en face des périls qui nous menacent, il est bon que je l'explique. Je le ferai en examinant succes-

l'une et l'autre toute leur âme. La lutte entre elles serait donc sans issue : il y aurait des victoires et des défaites, des annexions et des démembrements ; l'épuisement amènerait des trèves, qu'on décorerait du nom de paix ; la paix, cependant, ne serait jamais faite que le jour où, revenant au point de départ, on reconnaîtrait que l'Allemagne est aux Allemands comme la France est aux Français. »

sivement les questions suivantes : 1° La guerre
est-elle en thèse générale utile aux peuples ?
— 2° En ce moment la guerre est-elle imposée
ou nécessaire à la France ? (1) Comment
peuvent se résoudre les difficultés actuelles ?
— 3° Enfin, quel système est le plus propre à
assurer aujourd'hui la défense de notre sol et
de notre honneur sans compromettre notre
puissance à venir ?

Je dirai ensuite comment j'avais compris le
second empire, quels sont à mes yeux l'objet
de la monarchie et le rôle des princes. » Dans
cet ouvrage, bien intéressant à lire, M. d'Escayrac émet, à plusieurs reprises, relativement
aux effets d'une guerre avec le peuple germa-
nique, des appréciations que l'on pourrait
aujourd'hui, hélas ! qualifier de prophétiques.

(1) « Ceux qui parlent de guerre, dit M. d'Escayrac, en
ont-ils d'ailleurs bien calculé les chances ? Ont-ils compté le
nombre de nos alliés et celui de nos ennemis ? Comptent-ils
sur l'Angleterre parce qu'elle nous doit un traité de commerce
avantageux, l'égalité du pavillon, l'abolition de la course ?
Hélas ! l'Angleterre n'a plus rien à nous demander, et
l'Angleterre n'interviendra pas, à moins que l'Egypte ou la
Belgique ne soient menacées. — Comptent-ils sur l'Autriche,
dont les journaux et le peuple criaient hier : « Kein bundniss
mit Frankreich, » pas d'alliance française ; sur l'Autriche
battue et ruinée, qui se briserait à l'instant, rendant ses
Allemands à l'Allemagne et livrant ses Slaves à la Russie ? —

Ce dernier travail avait presque épuisé les forces de M. d'Escayrac, cédant aux prières de sa famille et aux instances de ses amis, il se rendit, pour y passer l'hiver, en Italie, dont le climat plus doux et plus régulier que celui de Paris, lui avait été ordonné par les médecins. Il y resta jusqu'à ce qu'il fut brusquement rappelé en France par la mort de son père, M. le marquis d'Escayrac de Lauture. (1) La grande douleur que lui fit éprouver cette

Comptent-ils sur l'Italie ? L'Italie nous hait ; le service rendu lui pèse ; puis si elle nous doit Milan, elle nous doit de n'être point à Rome : elle nous doit Aspromonte et l'arrestation récente de son héros. C'est Cavour qui lui a donné la Toscane et l'Emilie ; c'est Garibaldi et l'Angleterre qui lui ont donné les Deux-Siciles ; c'est enfin la Prusse qui lui a valu Venise ; elle a beaucoup de bienfaiteurs et s'attachera de préférence à ceux qui lui promettront de nouveaux bienfaits. L'ingratitude est, comme l'a dit Proudhon, son droit et son devoir, mais elle ne croit pas être ingrate : elle nous a payés avec la Savoie et Nice ; elle n'a jamais cru à la pureté de nos intentions. »

(1) Le marquis Marie, Joseph, Henri, Léonce d'Escayrac de Lauture était né le 19 février 1785, à Paris, où il est mort le 12 février 1867. Membre du Conseil général de Tarn-et-Garonne pendant trente ans, de 1818 à 1848, président de cette assemblée pendant douze sessions, de 1819 à 1830, et député de ce département de 1827 à 1831, il avait été nommé pair de France le 3 octobre 1837 et commandeur de la Légion d'honneur le 19 juillet 1845. M. d'Escayrac de Lauture avait épousé Mlle Adèle, Guillemette Portal, fille du baron Portal,

séparation à laquelle, il était loin de s'attendre,
venant s'ajouter à ses cruelles souffrances physiques, usa le peu de forces qui lui restaient.

Il s'affaiblissait à vue d'œil, lorsque au mois
de septembre 1868, il alla s'établir à Fontainebleau dont le séjour lui avait été conseillé à
cause de l'air pur de la forêt. Ne pouvant pas
croire qu'une existence aussi dignement
employée, allait être brisée par une mort
prématurée, les électeurs libéraux du départ-
tement de Tarn-et-Garonne, songeant à lui
pour un siège au Corps législatif, lui avaient
offert de représenter la circonscription de
Montauban. M. d'Escayrac fut profondément
touché de cette offre, mais ne se faisant aucune
illusion sur la gravité de son état, il y répondit
par la lettre suivante :

Fontainebleau, le 16 novembre 1868.

Messieurs,

*Vous allez avoir à choisir un candidat à la
députation, plusieurs d'entre vous m'avaient*

né aux Albarèdes, près Montauban, en 1765 et mort en 1845,
député de Tarn-et-Garonne de 1818 à 1820, ministre de la
marine du 29 décembre 1818 au 14 décembre 1821, ministre
d'Etat et du Conseil privé de 1821 à 1830, pair de France le

déjà fait l'honneur de penser à moi ; attaché aux principes de la Révolution ou en d'autres termes à ceux de la justice, j'en aurais constamment comme député revendiqué l'application ; c'eût été la tâche et l'honneur de ma vie ; mais depuis de longues années je suis miné par un mal qui m'écrase, m'étouffe et ne laisse libre en moi que la pensée. Je viens donc vous prier avec un sentiment de regret dont vous comprendrez l'amertume de ne plus penser à moi et de porter vos suffrages sur quelque homme non plus dévoué, mais plus à même de servir la cause qui nous unit.

Veuillez agréer, Messieurs, l'expression de toutes mes sympathies.

Comte d'Escayrac de Lauture.

Telles furent les dernières lignes qui sortirent de la plume de M. d'Escayrac. Un mois plus tard la mort réclamait sa proie, et il expirait le vendredi 18 décembre 1868, dans les bras de sa mère éplorée, laissant plongé dans une légitime douleur, le frère dévoué dont les soins

13 décembre 1821, grand-croix de la Légion d'honneur le 31 décembre 1828, auquel on doit un ouvrage estimé : « Mémoires contenant des plans d'organisation de la puissance navale de la France. »

affectueux en Chine, n'avaient pu que retarder de quelques années cette funeste catastrophe.

M. d'Escayrac n'avait pas encore atteint l'âge de quarante-trois ans, lorsqu'il fut ainsi enlevé à la science, à sa famille, à ses amis, mais si sa vie a été courte, il faut reconnaître que peu d'existences ont été aussi bien remplies.

FIN

APPENDICE

Après la mort de M. d'Escayrac, les journaux de Paris et des départements publièrent des articles nécrologiques, tous élogieux, pour déplorer sa mort ; on peut citer :

L'Etendard, du 20 décembre 1868.

La Presse, du 21 décembre 1868.

La Gazette de France, du 21 décembre 1868.

Le Public, du 21 décembre 1868.

Le Figaro, du 21 décembre 1868.

Le Journal des Débats, du 22 décembre 1868.

Le Mémorial d'Amiens, du 22 décembre 1868.

La Gironde de Bordeaux, du 22 décembre 1868.

Le Monde, du 22 décembre 1868.

Le Constitutionnel, du 22 décembre 1868.

Le Journal de Bordeaux, du 22 décembre 1868.

L'Indépendant de Douai, du 22 décembre 1868.

L'Electeur du Finistère de Brest, du 22 décembre 1868.

Le Journal de Saône-et-Loire de Mâcon, du 22 décembre 1868.

Le Journal de Lot-et-Garonne d'Agen, du 22 décembre 1868.

Le Messager du Sud-Ouest d'Agen, du 22 décembre 1868.

L'Ordre et la Liberté de Caen, du 22 décembre 1868.

Le Courrier du Hàvre, du 22 décembre 1868.

Le Journal de Paris, du 23 décembre 1868.

La Patrie, du 23 décembre 1868.

Le Siècle, du 23 décembre 1868.

L'Union, du 23 décembre 1868.

La France, du 23 décembre 1868.

L'Echo du Nord de Lille, du 23 décembre 1868.

L'Indépendant du Centre de Clermont-Ferrand, du 23 décembre 1868.

Le Journal de Bordeaux, du 23 décembre 1868.

Le Journal d'Amiens, du 23 décembre 1868.

Le Courrier du Bas-Rhin de Strasbourg, du 23 décembre 1868.

La Franche-Comté de Besançon, du 23 décembre 1868.

Le Courrier du Gard de Nîmes, du 23 décembre 1868.

L'Union de l'Ouest d'Angers, du 23 décembre 1868.

Le Gaulois, du 23 décembre 1868.

Le Journal de Toulouse, du 23 décembre 1868.

La Gazette de Péronne, du 23 décembre 1868.

La Liberté, du 24 décembre 1868.

L'Observateur d'Avesnes, du 24 décembre 1868.

Le Progrès du Nord de Lille, du 24 décembre 1868.

L'Echo du Nord de Lille, du 24 décembre 1868.

Le Progrès libéral de Toulouse, du 24 décembre 1868.

Le Courrier de l'Ain de Bourg, du 24 décembre 1868.

La Vigie de Cherbourg, du 24 décembre 1868.

La Loire de Saint-Étienne, du 24 décembre 1868.

L'Impartial de la Meurthe de Nancy, du 25 décembre 1868.

L'Indépendant des Basses-Pyrénées de Pau, du 25 décembre 1868.

Le Jura de Lons-le-Saulnier, du 25 décembre 1868.

L'Opinion Nationale, du 25 décembre 1868.

L'Ère impériale de Tarbes, du 25 décembre 1868.

Le Paris, du 27 décembre 1868.

Le Courrier de Bayonne, du 27 décembre 1868.

Le Gaulois, du 27 décembre 1868.

L'Impartial du Dauphiné de Grenoble, du 30 décembre 1868.

Le Journal de Paris, du 1er janvier 1869.

Le Mémorial de la Loire de Saint-Étienne, du 2 janvier 1869.

Etc., etc.

La presse étrangère s'associa aux sentiments douloureux exprimés par la presse française.

BIBLIOGRAPHIE

Liste des ouvrages de M. le comte d'Escayrac de Lauture
Commandeur de la Légion d'honneur, membre de la
Commission centrale de la Société de géographie, membre
de la Société Asiatique de Paris et de la Société Orientale.

I. Notice sur le Cordofan (Nubie supérieure).
Paris, 1851. Bulletin de la Société de
géographie.

II. Le Désert et le Soudan. Etudes sur l'Afrique
au nord de l'équateur, son climat, ses
habitants, les mœurs et la religion de
ces derniers, avec cartes et gravures
sur bois. Paris, 1853. Librairie J. Dumaine et F. Klincksieck.
Ouvrage traduit en Allemand par le
docteur Karl Andrée.

III. Mémoire sur le Ragle ou Hallucination du
Désert. Paris, 1855. Librairie J. Dumaine et F. Klincksieck.

IV. De l'influence que le canal des Deux-
Mers exercera sur le commerce en
général et sur celui de la mer Rouge
en particulier. Paris, 1855. Librairie
J. Dumaine et F. Klincksieck.

V. Deux lettres à M. Jomard. Paris, 1855.
Bulletin de la Société de géographie.

VI. Mémoire sur le Soudan, géographie naturelle et politique, histoire et ethnographie, mœurs et institutions de l'empire
des Fellatas, du Bornou, du Baguermi,
du Waday, du Dar-Four, rédigé d'après
des renseignements entièrement nouveaux et accompagné d'une esquisse du
Soudan Oriental. Paris, 1855-1856.
Bulletin de la Société de géographie.

VII. Expédition à la recherche des sources du
Nil. 1839-1840. Journal de M. Thibaut,
publié par les soins de M. le comte
d'Escayrac de Lauture. Paris, 1856.
Extrait des Nouvelles Annales des
voyages.

VIII. De la Turquie et des Etats musulmans
en général. Paris, 1858. Librairie
Amyot.

IX. Essais de philologie, discours sur la phonologie et la transcription des langues, discours sur l'origine du langage, examen grammatical des langues Huoulati, Balébéli, Kanouri, Fourienne, Galla, et Nubienne. Vocabulaire des langues Huoulati, Balébéli, Kanouri, Fourienne, Galla, Dongolawi, Kensi, Tibou, Waratta, Baguermienne, Boudouma et du dialecte arabe du Soudan. Paris, 1859. Bulletin de la Société de géographie.

X. Considérations sur le passé et l'avenir de la Chine. Paris, 1862. Bulletin de la Société de géographie.

XI. Aperçu des changements survenus depuis les temps historiques dans le cours des deux grands fleuves chinois le Hoang-ho et le Yang-tse-Kiang. Paris, 1862. Bulletin de la Société de géographie.

XII. Analytic universal telegraphy ; Analytic universal code of signals ; Telegraphic transmission of the chinese characters. London, 1862. Librairie Camden Hotten Piccadilly.

XIII. Mémoires sur la Chine. Campagne de Chine. Histoire. Gouvernement. Religion. Coutumes, avec cartes et gravures sur bois. Paris, 1864. Librairie du Magasin pittoresque.

XIV. Le langage, ses lois, application utile de ces lois, avec planches. Paris, 1865. Librairie du Magasin pittoresque.

XV. La guerre, l'organisation de l'armée et l'équité. Paris, 1867. Librairie Armand Le Chevalier.

INDEX ALPHABÉTIQUE

DES NOMS PROPRES CITÉS DANS CET OUVRAGE

Le père Duhuc. 114.
J. Domaine. 12. 38. 73. 171. 172.
M. Duméril. 71. 72. 73.

E

Lord Elgin. 134.
Bernard d'Escayrac. 10.
Guichard d'Escayrac. 10.
Guy d'Escayrac. 10.
Le marquis Etienne, Henri d'Escayrac de Lauture. 11. 108.
Le marquis Joseph, Henri d'Escayrac de Lauture. 81. 162.
Le marquis Paul, Ernest d'Escayrac de Lauture.78.79.

F

Le maréchal Fabert. 11. 108.
M. de Forcade-Laroquette. 29. 31.
Nicolas Fouquet. 155.
Sir John Franklin. 15.
Lady Franklin. 18.
M. Fresnel. 44.

G

Vasco de Gama. 92.
Giuseppe Garibaldi. 162.
Etienne Geoffroy-Saint-Hilaire 71.
Isidore Geoffroy-Saint-Hilaire. 71.
Le général Gortschakoff. 38.
Le colonel Grandchamps. 114.
Le général Grant. 105. 134.

H

Le prince Halim. 79. 80. 83.
Hérodote. 106. 107.
Hieng-Foung. 104. 137.

Homère. 49.
L'amiral Hope. 105.
Sulthan Hosséyn. 26.

I

La reine Isabelle. 17.

J

Edme, François Jomard. 28. 29. 30. 37. 68. 69. 70. 71. 75. 78. 81. 100. 172.
M. Johnston. 142.

K

Le comte Kinisky. 86.
Henri Klaproth. 149. 150.
Martin Klaproth. 150.
F. Klincksieck. 12. 38. 171. 172.
Don Ignatius Knoblecher. 27. 43.
Christian Kruse. 149.

L

M. Laffargue. 25.
M. Layard. 122.
M. Le Bas. 149.
Armand Le Chevalier. 11. 160. 174.
Le comte de Lesseps. 70. 74. 75. 77. 78. 79. 82. 88.
Linant de Bellefonds. 25. 70. 71. 88.
Louis IX. 40.
Louis XIV. 11. 155.
Louis XV. 11.
Louis-Philippe I. 17.
Dona Luisa. 17.

TABLE DES MATIÈRES

CHAPITRE VI

CHAPITRE VII

CHAPITRE VIII

CHAPITRE IX

CHAPITRE X

FIN

Achevé d'imprimer

le vingt octobre mil huit cent quatre-vingt-dix-neuf

par

Jean GUILLAU

rue des Lixes, près la grand'poste

à Montauban.

Librairie Ch. DELAGRAVE, 15, rue Soufflot, Paris.

———

Un Académicien du XVIIme siècle. Saint-Amant, son temps, sa vie, ses poésies, 1594-1661, in-8° de 524 pages, 1898, par Paul Durand-Lapie, Avocat, Agrégé de l'Université.

Ouvrage honoré d'une souscription de M. le Ministre de l'Instruction Publique et des Beaux-Arts.

———

Librairie spéciale pour l'Histoire de France.
Honoré CHAMPION, 9, Quai Voltaire, Paris.

———

Deux Homonymes du XVIIme siècle. François Maynard, Président au Présidial d'Aurillac, membre de l'Académie Française et François Menard, Avocat en Cour de Parlement de Toulouse et au Présidial de Nîmes. Etude bibliographique, suivie d'une notice bibliographique et de 76 pièces omises dans l'édition des Œuvres poétiques de François de Maynard qu'a donnée M. Garrisson (1885-1888), par Paul Durand-Lapie et Frédéric Lachèvre.